ベターホームの
おとなの和食

　四季折々の食材と、しょうゆやみそなどの伝統的な調味料。この出会いが、和食の深い味わいを作り出します。おいしく、栄養価も高い旬の素材を使って、豊かな食卓を作りましょう。

　和食は、脂肪は少なく、穀物、野菜をたくさんとるので、栄養のバランスがよい食事です。この長所を生かし、本書では1献立のカロリーを1人分680kcal以内に、また和食では多くなりがちな塩分を4g以下にしました。ふだんの夕食に作れる、手軽な2人分の献立をご紹介します。

料理研究／ベターホーム協会
小林洋子　杉原恵子　林 栄子

春の食卓

*巻末索引（P.159）も合わせてご覧ください。

白魚と山菜の天ぷら……6
ふきの青煮／大根の明太子はさみ／桜ごはん／沢煮椀

春野菜のおすし……8
かぶのくず煮／かぶの葉の辛味あえ／はまぐりの潮汁

甘鯛の磯蒸し……10
新ごぼうと牛肉のいため煮／新キャベツの塩もみ

かじきの鍋照り……12
白あえ／わらびのかつおじょうゆ／しめ卵のすまし汁

さわらの木の芽焼き……14
うどと魚の子の炊き合わせ／大根とせりの即席漬け／青豆ごはん

さよりとうどの酢みそ……16
えんどう豆入り卵焼き／アスパラの焼きびたし

鯛の桜葉蒸し……18
わけぎと青柳のぬた／竹の子ごはん／若竹汁

野菜たっぷりステーキ……20
豆の温サラダ／たらの芽のごまあえ

めばると春野菜の煮つけ……22
焼きしいたけと小松菜のぽん酢／こごみのあえもの

親子丼……24
ふきの山椒煮／さつまいもと豆の甘煮／セロリの昆布漬け

新じゃがの肉じゃが……26
うどとわかめの黄身酢／つ葉のおひたし／根三つ葉のおひたし

かつおのたたき……28
菜花とあさりのからしあえ／じゃがいものきな粉まぶし

和風しゅうまい……30
竹の子のかか煮／きゅうりの塩昆布あえ／焼きおにぎり

まぐろの刺身……32
小柱と絹さやの かき揚げ／刺身こんにゃくのとろろ

わかさぎの南蛮漬け……34
かぼちゃの甘煮／高菜のいためごはん

とりの照り焼き……36
竹の子の木の芽あえ／大根の梅がつお

あじの塩焼きレモンじょうゆ……38
ひじきの五目煮／三色ピーマンのあえもの／かきたま汁

豚肉の梅の香揚げ……40
ふきと生麩の炊き合わせ／なめこおろし／あさりのみそ汁

いかの糸造り……42
生揚げのいんろう煮／春キャベツの即席漬け

夏の食卓

いぼ鯛の開き……44
すくい豆腐とトマトのぽん酢かけ／オクラのみそあえ／深川めし

いかの点つけ……46
桜えびとじゃがいもの きんぴら／そら豆のじか煮

とり肉と夏野菜の揚げびたし…48
にんじんのプルーン煮／苦瓜のおひたし／新しょうがごはん／岩のりのすまし汁

鮎の田楽……50
いんげんとがんもの煮もの／新たまねぎのレモンじょうゆ／冬瓜の吉野汁

穴子の天ぷら……52
かぼちゃのそぼろあん／明日葉のおひたし／しじみのみそ汁

かつおの手こねずし……54
なすとアスパラのみそいため／ししとうがらしの焼きびたし／吉野どり

鮎ごはん……56
車麩とつくねの煮もの／つるむらさきと豆腐の変わり奴／そうめんのすまし汁

豚肉冷しゃぶ……58
トマトのしょうゆいため／モロヘイヤと とんぶりのあえもの／焼きなすのみそ汁

海老の変わり揚げ……60
新さつまいもの梼尾煮／きゅうりとみょうがの酢のもの／の田舎煮

梅ごはん……62
海老とそら豆の吉野煮／新しょうがいため／冷やしじゅんさい汁

うなぎずし……64
あじのお造り……
ずいきと油揚げの煮もの／おかひじきのごまあえ

たちうおのつけ焼き……66
茶巾ごま豆腐／ひじきのあえもの

牛肉のたたき……68
オクラと糸寒天のあえもの／にんじんのはちみつ漬け／にら卵のおすまし

う巻き卵……70
小なすといんげんの素揚げしそトマト

あじの押しずし……72
豆腐のおぼろ昆布蒸し／なすの田舎煮

はものくず打ち……74
冬瓜と海老のくず煮／ししとうとおかかのいり煮／そうめん

豚肉の黄金揚げ……76
じゃがいもの梅あえ／もずくの三杯酢／枝豆の呉汁

鮭ちらし……78
冷やし茶碗蒸し／れんこんのきんぴら／いちじくの甘煮

秋の食卓

*巻末索引(P.159)も合わせてご覧ください。

- いわしの甘酢煮 …… 80
  いんげんのごまあえ／焼きなす／むかごごはん
- 小南瓜のいんろう煮 …… 82
  海老とぶどうのゼリー寄せ／いり卵混ぜごはん
- 牛肉の有馬煮 …… 84
  湯葉揚げの柚子おろし／海藻サラダごまマヨネーズ
- ひらめの刺身菊花重ね …… 86
  さつまいものかき揚げ／ほうれんそうの磯香あえ／落とし卵のすまし汁
- さばの竜田揚げ …… 88
  きのこの卵とじ／なすのひねり漬け
- 秋刀魚の塩焼き …… 90
  丸なすの田楽／つるむらさきの酢のもの／菊花ごはん

- 海老ときのこの網焼き …… 92
  揚げだし豆腐／さつまいもごはん
- 牛肉と松茸の包み焼き …… 94
  若水菜のおひたし／松茸ごはん
- 秋刀魚のごま焼き …… 96
  春菊と湯葉の煮びたし／栗ごはん／菊花豆腐のすまし汁
- ヒレカツみそソース …… 98
  きのこの当座煮／長いものアチャラ漬け
- 山かけ丼 …… 100
  ひりょうず飛竜頭
- かますの酒塩焼き …… 102
  里いもと とりの治部煮／柿なます
- さばのみそ煮 …… 104
  しいたけと いかの納豆あえ／ほうれんそうの朝地あえ

- 白身魚のかぶら蒸し …… 106
  さつま揚げとかぶの葉のいり煮／里いもごはん
- とりのから揚げ 柚子風味 …… 108
  数の子ときゅうりのからしマヨネーズ／月見とろろ
- 鮭の焼きびたし …… 110
  春菊のごまあえ／たこめし
- きんめの煮つけ …… 112
  さつまいものレモン煮／たくあんときゅうりの柚子風味
- いわしのかば焼き …… 114
  ほうれんそうのしょうが風味／豚汁
- 牛肉の柳川風 …… 116
  八つ頭の含め煮／イクラおろし

冬の食卓

●和食のうま味はだしにあります。この本の「だし」は主に〝かつおだし〟をさします。
＜基本分量／水カップ2・けずりかつお4〜8g／沸とう湯にけずりかつおを入れて、再沸とうしたら火を止め、1〜2分おいてこします。濃いだしをとる場合は、けずりかつおを2分ほど煮てから火を止めます＞
●この本で使用した計量の単位　cc＝mℓ
1カップ＝200cc　米用カップ1＝180cc　大さじ1＝15cc　小さじ1＝5cc

和風ブイヤベース……118
和野菜のサラダ／柿とプルーンの洋酒漬け

帆立とピーマンの網焼き……120
牛ばらと大根の煮もの／かぶときんかんの甘酢あえ／菜めし

鴨の治部煮……122
くわいの含め煮／かぶの明太子あえ

たらちり……124
海老ときゅうりの酢のもの／編み笠柚子／粕汁

イクラ丼……126
焼き生揚げ／百合根の梅肉あえ

鮭の柚庵焼き……128
白菜と豚肉の重ね蒸し／せりのくるみあえ

とり肉のおろし煮……130
たこサラダ／豆昆布

子もちかれいの煮つけ……132
牡蠣のみぞれ酢／きんかん砂糖煮／けんちん汁

寒ぶりかまの塩焼き……134
ふろふき大根／白菜の柚子味／赤飯

みそ煮こみうどん……136
きのこのみぞれあえ／りんごの梅酒煮

鯛の粕漬け……138
かぶと生揚げの煮もの／茶碗蒸し

牡蠣フライ……140
鮭のワインなます／カリフラワーのカレー風味

白菜の牛肉巻き鍋仕立て……142
かぶと干し柿の酢のもの／ねぎのしば漬け

いわしのジュージュー焼け……144
里いもとれんこんの甘みそかけ／キャベツとしその浅漬け

牡蠣鍋……146
煮なます／生野菜のわさび漬け味

ぶり大根……148
ブロッコリーのごまマヨネーズ／いり大豆ごはん

れんこんハンバーグ……150
きんぴらごぼう山椒風味／もやしのごまあえ

おでん……152
菜花のおひたし／柚子の箸休め

常夜鍋……154
根菜煮／なまこの酢のもの

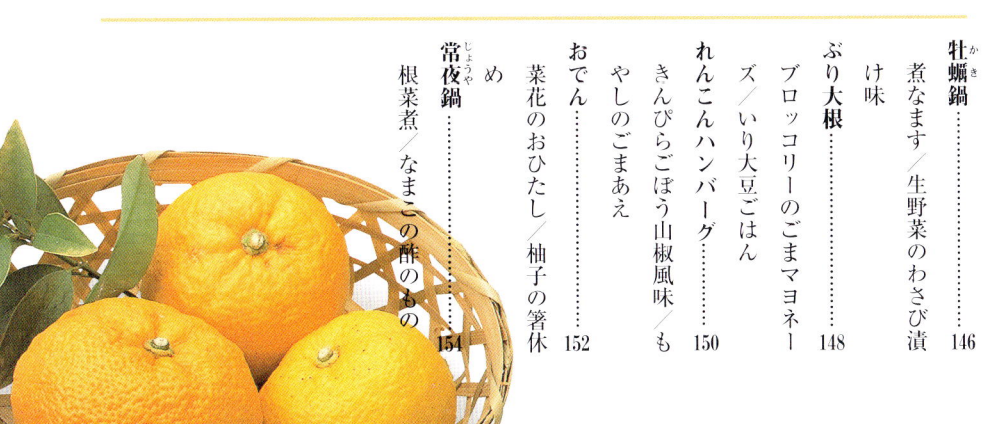

春の食卓　山菜と桜で初々しい季節の息吹を

1人分550kcal/塩分3.3g

白魚と山菜の天ぷら（2人分）
181kcal/0.6g

- しらうお……………………30g
- ふきのとう…………………4個
- たらの芽……………………4本
- 姫たけのこ…………………4本
- 揚げ油………………………適量
- [天ぷら衣] 水カップ$\frac{1}{4}$　卵（といたもの）大さじ1　小麦粉大さじ$2\frac{1}{2}$
- [天つゆ] だしカップ$\frac{1}{3}$　みりん大さじ$\frac{1}{2}$　薄口しょうゆ大さじ$\frac{1}{2}$
- [薬味] だいこんおろし50g　しょうがのすりおろし10g

❶しらうおは塩水（水カップ1+塩小さじ1）の中でふり洗いし、水気をペーパータオルでとります。小麦粉小さじ1（材料外）をふって、薄くまぶします。
❷山菜は汚れた部分を除き、洗います。
❸天つゆと、天ぷら衣を作ります。
❹揚げ油を中温（160～170℃）に熱します。しらうお、山菜に、天ぷら衣をつけ、手早く揚げます。

ふきの青煮（2人分）
11kcal/0.4g

- ふき……………………2本（120g）
- 塩………………………小さじ1
- A
  - だし……………………カップ$\frac{1}{2}$
  - 薄口しょうゆ・みりん……各小さじ1

❶ふきは、塩をふって板ずりします。ゆでて皮をむき、5cm長さに切ります。
❷Aで1～2分煮て、汁につけたままさまし、味を含ませます。

大根の明太子はさみ（2人分）
14kcal/0.7g

- だいこん………………………20g
- めんたいこ……………………20g
- しその葉………………………4枚

❶だいこんは5mm厚さの半月切り4枚にし、厚みの中央に切り目を入れます。
❷しその葉とめんたいこをはさみます。

桜ごはん（2人分）
226kcal/1g

- ごはん…………………………300g
- 桜の花の塩漬け………………15g

❶桜の花は水で塩を洗います。ペーパータオルにはさんで軽く水気をとります。花びらを摘み、茎は細かくきざみます。
❷温かいごはんに混ぜます。

沢煮椀（2人分）
118kcal/0.6g

豚薄切りばら肉50g　にんじん20g　ごぼう20g　さやえんどう2枚　ねぎ10cm　だしカップ2　酒大さじ$\frac{1}{2}$　しょうゆ小さじ$\frac{1}{2}$　塩小さじ$\frac{1}{6}$

❶野菜はせん切りにします。豚肉は4cm長さのせん切りにし、熱湯をかけます。
❷ねぎ以外の具をだしで少し煮ます。アクをとって調味し、ねぎを加えます。

沢煮椀のさわには、「多くの」の意味があります。数種の具をさっと煮て、シャキシャキ感を楽しみます。

春の食卓　手軽な春のおすしと潮汁の夕餉

1人分496kcal/塩分3.9g

春野菜のおすし（4人分）
369kcal/1.9g

- 米……… 米用カップ2（360cc）
- ［合わせ酢］酢カップ1/4　砂糖大さじ2　塩小さじ3/4
- ふき………………… 2本（120g）
- ゆでたけのこ……………… 50g
- A〈だしカップ1　薄口しょうゆ大さじ1　みりん大さじ1/2〉
- 菜の花………………1/3束（30g）
- 桜えび（釜あげ）…………… 30g
- B〈酢・酒……… 各小さじ1〉
- 卵2個　C〈砂糖大さじ1/2　塩少々〉
- サラダ油…………… 小さじ1
- 甘酢しょうが ……………… 20g

❶米は、同量の水（360cc）で炊きます。
❷ふきは塩小さじ1（材料外）をふって板ずりし、ゆでます。皮をむいて3cm長さに切ります。たけのこは薄切りにします。Aで両方を3分ほど煮、汁につけたままさまします。
❸菜の花はゆで、水気をしぼって、②の煮汁に一緒につけます。
❹桜えびは、Bをふって、さっといります。
❺卵はCで調味し、いり卵を作ります。
❻野菜の汁気をきります。ごはんに合わせ酢を混ぜ、ふきとたけのこ、④を混ぜます。器に盛り、③、⑤、しょうがを飾ります。

かぶのくず煮（2人分）
78kcal/0.9g

- かぶ…………… 中2個（200g）
- グリーンピース（さやつき）……… 50g
- えび4尾　A〈酒小さじ1　塩少々〉
- B〈だしカップ1　しょうゆ・みりん各大さじ1/2〉
- かたくり粉・水…………… 各小さじ1

❶かぶは皮をむき、くし形に切ります。グリーンピースは豆をとり出します。
❷えびは背わたをとり、殻をむいて2〜3つに切ります。Aで下味をつけます。
❸Bで①を煮て、やわらかくなったら②を入れて煮、水どきかたくり粉を加えます。

かぶの葉の辛味あえ（2人分）
37kcal/0.5g

- かぶの葉2株分（100g）　油揚げ1/2枚
- A〈だし大さじ1/2　しょうゆ・みりん各小さじ1　一味とうがらし少々〉

❶かぶの葉はゆでて、3cm長さに切ります。
❷油揚げは熱湯をかけ、焼き網で焼いて1cm幅に切ります。①とともにAであえます。

はまぐりの潮汁（2人分）
12kcal/0.6g

- はまぐり（砂抜きしたもの）……… 4個
- A〈水カップ2　こんぶ5cm〉
- うど ……………………… 5cm
- B〈酒大さじ1/2　塩小さじ1/8　しょうゆ小さじ1/4〉

❶Aを合わせて30分おきます。
❷うどをかつらむきにし、斜めに切って水に放します（よりうど）。
❸貝を①で煮ます。煮立つ寸前にこんぶを除き、殻が開いたら貝を椀にとります。汁をBで調味し、椀に入れて②を加えます。

潮汁は、魚貝のもち味を生かした塩味の汁。鯛のあらなどでも作ります。魚は塩をふって熱湯に通してから。

春の食卓 新わかめで、磯の香りを食卓に

1人分527kcal/塩分3.6g

甘鯛の磯蒸し（2人分）

102kcal/1.5g

あまだい	2切れ（160g）
塩	少々
新わかめ（塩蔵）	50g
しいたけ	2個
みつば	4本
しょうが	1かけ（10g）

A ┌ だし……カップ1/4
　├ 酒……大さじ2
　├ 薄口しょうゆ……小さじ2
　└ みりん……小さじ1

❶魚は2〜3つに切り、塩をふって5分ほどおき、熱湯をかけます。

❷しいたけは半分に切り、わかめは洗って約3cm長さに切ります。

❸みつばは3cm長さに切り、しょうがはすりおろします。

❹器に1人分ずつ、①、②を入れ、Aを合わせてそそぎます。ラップをし、電子レンジで1個につき約2分加熱します（または、蒸し器で10分ほど蒸します）。③をのせます。

新ごぼうと牛肉のいため煮（2人分）

166kcal/0.7g

新ごぼう	1/2本（80g）
牛ばら肉（薄切り）	70g
しょうが	1かけ（10g）
サラダ油	大さじ1

A ┌ だし……カップ1/3
　├ みりん……大さじ1
　└ しょうゆ……大さじ1/2

❶ごぼうは大きめのささがきにし、水にさらします。水気をきります。

❷しょうがはせん切りにし、肉は3cm幅に切ります。

❸鍋に油を熱し、①、②をいためます。Aを加え、汁気がなくなるまでいため煮にします。

新キャベツの塩もみ（2人分）

9kcal/0.3g

新キャベツ	中1枚（70g）
ラディッシュ	1個（20g）
塩	小さじ1/4

❶キャベツは3cm角に、ラディッシュは薄切りにします。合わせて塩をふり、軽くもんで、少しおきます。

❷しんなりしたら、水気をしぼります。

ごはん（2人分）　300g

222kcal/0g

みそ汁（2人分）

28kcal/1.1g

ゆでたけのこ50g　万能ねぎ2本　だしカップ1・1/2　みそ大さじ1

新ごぼうはやわらかいので、大きめに切って風味を味わいましょう。

春の食卓 つくし、わらび など新芽のほろ苦味を

1人分600kcal/塩分3.3g

かじきの鍋照り（2人分）
195kcal/1.5g

- かじき…………2切れ（200g）
- 塩………………………少々
- サラダ油………………大さじ1
- A〈しょうゆ・酒・みりん各小さじ2〉
- たらの芽………………4本
- しょうゆ…………小さじ½

❶魚は塩をふって、15分ほどおきます。
❷たらの芽は、はかまをとって、色よくゆでます。しょうゆをふり、軽くしぼります。
❸フライパンに油を熱し、魚の水気をふいて入れ、両面を焼きます。火が通ったらAを加え、全体にからめます。

白あえ（2人分）
129kcal/0.5g

- もめんどうふ…½丁（150g）
- ほうれんそう……………70g
- にんじん…………………30g
- しめじ………½パック（50g）
- A ┌ だし……………カップ¼
  │ みりん・薄口しょうゆ
  └ ………………各小さじ1
- B ┌ 練りごま…………大さじ1
  │ 砂糖………………小さじ1
  └ 塩…………………少々

❶ほうれんそうはゆでて、3cm長さに切ります。
❷にんじんは2cm長さのたんざく切りにし、しめじは小房に分けます。両方をAで煮ます。さまして、汁気をきります。
❸たっぷりめの熱湯に、とうふをあらくほぐして入れ、ひと煮立ちしたら、ふきんにとって水気を軽くしぼります。
❹とうふにBを混ぜ、野菜をあえます。

わらびの かつおじょうゆ（2人分）
8kcal/0.2g

- わらび（ゆでたもの）………60g
- ┌ しょうゆ…………小さじ½
- └ けずりかつお……………少々

❶わらびは熱湯にさっと通し、3cm長さに切ります。
❷しょうゆ、かつおであえます。

ごはん（2人分）300g
222kcal/0g

しめ卵のすまし汁（2人分）
46kcal/1.1g

- 卵……………………………1個
- 塩……………………………少々
- つくし………………………6本
- みつば………………………4本
- ┌ だし………カップ1½
- │ 塩…………小さじ⅙
- └ しょうゆ…小さじ½

❶つくしはがくをとり、ゆでて水にとります。みつばは茎をしごいて結びます。
❷卵はほぐして、塩を加えます。静かに沸とうしている湯に流し入れ、八分どおり火が通ったところで、ふきんにとります。巻いて棒状に形を整え、さまします。
❸②を切り分けて椀に入れ、調味しただしをそそぎ、①を入れます。

生のわらびはアク抜きします。たっぷりの水に0.2～0.3％の重曹を加えてひと煮立ちさせ、水にひと晩さらします。

春の食卓 木の芽の香りと、青豆を味わう

1人分582kcal/塩分3.9g

さわらの木の芽焼き（2人分）
199kcal/1.3g

さわら …………2切れ（200g）
A ┌ 酒・しょうゆ・みりん
　└ ……………各大さじ1
木の芽 ……………………12枚
[添え] 葉しょうが2本　酢大さじ2
　　　砂糖小さじ2

❶添えのしょうがは、汚れた皮を除き、さっとゆで、調味料につけておきます。
❷木の芽は、飾り用を残して、きざみます。トレーにAと混ぜ、魚を約20分つけます。
❸魚を焼きます。残りのたれを少し煮つめ、魚に2〜3回塗って焼きあげます。

うどと魚の子の炊き合わせ（2人分）
66kcal/1.1g

うど…………中½本（200g）
A ┌ だし ……………カップ1
　│ みりん・薄口しょうゆ各大さじ½
　└ 塩………………………少々
魚の子（生たらこなど）……1腹（80g）
しょうが…………小1かけ（5g）
B ┌ だし ……………カップ1
　│ みりん・薄口しょうゆ各大さじ¾
　└ 砂糖……………………少々
みつば……………………4本

❶うどは5cm長さに切り、皮をむいて酢水（水カップ1＋酢小さじ1）にさらします。
❷しょうがはせん切り、魚の子は3cm長さに切ります。
❸ABをそれぞれ煮立て、Aにうどを、Bにしょうがと魚の子を入れ、5分ほど煮て汁ごとさまします。
❹③を盛り合わせます。みつばをさっと熱湯に通して結び、飾ります。

大根とせりの即席漬け（2人分）
10kcal/0.3g

だいこん ………………… 100g
せり………………………… 30g
赤とうがらし（小口切り）…⅓本
塩……………………小さじ¼

❶だいこんは3cm長さのたんざく切りに、せりはゆでて3cm長さに切ります。
❷①、とうがらしを合わせて塩をふり、重しをします。しんなりしたら、水気をしぼります。

青豆ごはん（4人分）
287kcal/0.6g

米…………米用カップ2（360cc）
水……………………… 430cc
グリーンピース（さやつき）
　……… 200g（正味80g）
A〈酒大さじ1　塩小さじ½〉

❶米は洗って、分量の水につけ、30分以上おきます。
❷グリーンピースは豆をとり出します。
❸①にAを加え、②をのせて炊きます。

すまし汁（2人分）
20kcal/0.6g

桜麩2cm　みつば4本　だしカップ1½　塩小さじ⅙　しょうゆ小さじ½

さわらは出世魚。「さごし」とか「さごち」と呼ばれる若魚も出回ります。味は成長した本さわらがおすすめ。

春の食卓 あっさりしたうま味の魚や山菜を酢みそで

1人分479kcal/塩分2.9g

さよりとうどの酢みそ（2人分）
82kcal/0.8g

- さより(さしみ用)……2尾(160g)
- うど……………………1/4本(100g)
- うるい……………………3本(100g)
- [酢みそ]
  - 白みそ……大さじ1
  - 酢…………小さじ2
  - 砂糖………小さじ1
  - だし………小さじ1

❶魚は三枚におろします。半身は縦半分に切り、うず巻きにします。残りの半身は3等分に切ります。

❷うどは4〜5cm長さのせん切りにし、酢水（水カップ2＋酢小さじ2）に放して水気をきります。うるいはゆでて水にとり、4〜5cm長さに切ります。

❸皿に盛り合わせ、酢みそを添えます。

えんどう豆入り卵焼き（2人分）
145kcal/0.9g

- 卵……………………………2個
- グリーンピース……………30g
- にんじん……………………20g
- A
  - だし……………大さじ1
  - 砂糖……………小さじ1
  - 塩………………少々
- サラダ油………………大さじ1/2
- ┌ だいこんおろし………50g
- └ しょうゆ……………小さじ1

❶にんじんは5mm角に切ります。熱湯に塩少々(材料外)を加え、にんじんとグリーンピースを一緒にゆでます。

❷卵をときほぐしてAで調味し、①を混ぜます。

❸卵焼き器に油をなじませ、卵を焼きます。切り分けます。

❹だいこんおろしを添え、しょうゆをかけます。

アスパラの焼きびたし（2人分）
8kcal/0.5g

- グリーンアスパラガス……4本
- A
  - だし……………大さじ1
  - しょうゆ………大さじ1/2
- けずりかつお…………………少々

❶アスパラガスを網やグリルで焼き、3〜4cm長さに切ります。

❷熱いうちに、Aにつけます。

❸器につけ汁ごと盛りつけ、けずりかつおをふります。

ごはん（2人分）300g
222kcal/0g

すまし汁（2人分）
22kcal/0.7g

- 絹ごしどうふ………1/4丁(70g)
- ふきのとう……………………1/2個
- ┌ だし……………カップ1 1/2
- │ 塩………………小さじ1/6
- └ しょうゆ………小さじ1/2

＊吸い口に、ふきのとうのがくを2〜3片ずつ浮かせます。

さよりは鮮度が命です。腹が茶色くなっていたり、体がしゃんとしていないものは避けます。

春の食卓 桜と若竹の香りで、うららかな春の一時

1人分562kcal/塩分4g

鯛の桜葉蒸し（2人分）
112kcal/1.3g

- たい ……………2切れ(180g)
- 塩 ……………………小さじ¼
- 酒 ……………………大さじ3
- 桜の葉の塩漬け……………8枚
- （あれば）桜の花の塩漬け…2個
- ［ぽん酢しょうゆ］だし大さじ1
  - レモン汁・しょうゆ各小さじ1

❶桜の葉(と花)は水にさらし、塩を抜きます。
❷魚は半分に切り、塩をふって15分ほどおきます。
❸魚の水気をふき、1切れにつき桜の葉2枚ではさみます。器に並べ、酒をそそぎます。
❹蒸気の立った蒸し器に器ごと入れ、強火で7～8分蒸します（電子レンジなら1人2切れ分で約2分30秒加熱）。
❺汁ごと1人分の器に盛り、ぽん酢しょうゆを添えます。あれば桜の花を飾ります。

わけぎと青柳のぬた（2人分）
62kcal/0.8g

- あおやぎ50g　わけぎ½束(100g)
- ［酢みそ］白みそ大さじ1⅓　砂糖大さじ½　酢大さじ1　練りがらし小さじ½
- （あれば）紅たで…………少々

❶あおやぎは熱湯にさっと通し、酢小さじ2(材料外)をふっておきます。
❷わけぎはゆで、酢少々(材料外)をかけてしぼり、3cm長さに切ります。
❸酢みその材料を合わせ、①、②をあえます。

うぐいす豆（市販）（2人分）50g
64kcal/0.1g

竹の子ごはん（4人分）
314kcal/1.1g

- 米…………米用カップ2(360cc)
- ゆでたけのこ……………150g
- 油揚げ……………………1枚
- A〈だしカップ¾　酒大さじ3　しょうゆ大さじ1⅓　みりん小さじ1　塩小さじ⅙〉
- だし……………………適量
- 木の芽 ……………………6枚

❶米は洗い、たっぷりの水につけて30分以上おきます。
❷たけのこは3～4mm厚さに切り、油揚げは熱湯をかけて細切りにします。
❸Aで②を約3分煮、具と汁に分けます。汁とだしを合わせて360ccにします。
❹米の水気をきり、③のだしで炊きます。炊きあがったら、具を加えてむらします。

若竹汁（2人分）
10kcal/0.7g

- ゆでたけのこ(穂先)30g　わかめ(塩蔵)5g　ねぎ(せん切り・水にさらす)10cm　木の芽2枚　だしカップ1½
- 塩小さじ⅙　しょうゆ小さじ½

❶たけのこは、薄いくし形に切ります。わかめは洗い、2～3cm長さに切ります。
❷だしに①を加えて温め、調味します。椀に盛り、ねぎ、木の芽をのせます。

竹の子の下ゆでは、皮ごと切り目を1本入れ、かぶるくらいの米のとぎ汁に赤とうがらしを1本加えて、30～40

春の食卓　葉ものや青豆で、緑あふれる食卓

1人分588kcal/塩分3.6g

野菜たっぷりステーキ（2人分）

199kcal/1.5g

牛ステーキ肉（約1cm厚さ） ………………… 2枚（200g）
A ┌ 塩・粒こしょう 各小さじ1/6
　└ にんにく ………………1片
B ┌ 酒 ……………… 大さじ2
　└ しょうゆ ……… 大さじ1
ルッコラ ………… 1/2束（25g）
紫たまねぎ ……………… 30g
サラダ油 ………… 大さじ1/2

❶たまねぎは薄切り、ルッコラは3cm長さに切り、それぞれ水に放して水気をきります。
❷にんにくはすりおろし、粒こしょうはあらくつぶします。Aを肉にまぶしつけます。
❸肉を好みの焼き加減に焼きます（ミディアムで片面30秒ずつくらい）。最後にBをかけて風味をつけます。
❹肉を切り分け、野菜と盛り合わせます。

豆の温サラダ（2人分）

94kcal/0.5g

スナップえんどう ………… 50g
さやいんげん ……………… 30g
大豆もやし ………………… 50g
大豆（水煮） ……………… 50g
すだち ……………………… 1個
A ┌ しょうゆ 小さじ1
　│ サラダ油 小さじ1
　└ 塩 ………… 少々

❶えんどう、いんげんは筋をとり、それぞれ半分に切ります。もやしはひげ根をとります。Aは合わせます。
❷沸とうした湯に、いんげん、えんどう、もやしを順に加え、かためにゆでて、ざるにとります。最後に水煮大豆をさっとゆでます。
❸熱いうちにAであえ、すだちをしぼります。

たらの芽のごまあえ（2人分）

36kcal/0.5g

たらの芽 ………… 1パック（50g）
塩 ………………………… 少々
A ┌ すりごま（白）…… 大さじ2
　│ 酒 ……………… 小さじ1
　└ しょうゆ ……… 小さじ1

❶たらの芽は、はかまをとって、太いものは縦半分に切ります。塩を加えた熱湯でゆでます。
❷Aであえます。

ごはん（2人分）300g	222kcal/0g
みそ汁（2人分）	37kcal/1.1g

さといも1個（70g）　ねぎ10cm　だしカップ1 1/2　みそ大さじ1

食物繊維は、コレステロールを吸着して体外に出してくれます。肉料理なら、野菜やいも、海藻、豆も一緒に。

春の食卓　海と山の旬をたっぷり煮合わせて

1人分436kcal/塩分3.8g

めばると春野菜の煮つけ（2人分） 159kcal/2.1g

- めばる……………2尾(300g)
- ゆでたけのこ……………60g
- うど ……………1/2本(200g)
- しょうが…………1かけ(10g)
- A
  - 酒 ……………カップ1 1/2
  - 砂糖……………大さじ1
  - みりん……………大さじ5
  - しょうゆ……………大さじ3
- 木の芽 ……………………4枚

❶魚はうろこ、えら、内臓をとり、表側に斜めに切り目を2本入れます。熱湯をかけてすぐ冷水にとり、水気をふきます。
❷たけのこはひと口大に、うどは皮をむいて4cm長さに、しょうがは薄切りにします。
❸鍋にAを煮立てて、魚、たけのこを入れ、煮汁を2〜3回かけてから、落としぶたをして、強めの中火で6〜7分煮ます。うど、しょうがを加え、煮汁をかけながらさらに3〜4分煮ます。
❹皿に盛り、木の芽を飾ります。

焼きしいたけと小松菜のぽん酢（2人分） 13kcal/0.3g

- しいたけ ……………………2個
- こまつな …………1/3束(100g)
- [ぽん酢しょうゆ]
  - しょうゆ ……………小さじ1
  - レモン汁……………小さじ1
  - だし ……………………大さじ1

❶こまつなはゆで、3cm長さに切ります。しいたけは、オーブントースターや焼き網で焼き、薄切りにします。
❷合わせて盛り、ぽん酢しょうゆをかけます。

こごみのあえもの（2人分） 18kcal/0.3g

- こごみ ……………………50g
- A
  - だし ……………小さじ1
  - しょうゆ ………小さじ1
  - みりん(煮きる)
   ……………………小さじ1
- けずりかつお………………2g

❶こごみはゆでて水にとり、3〜4cm長さに切ります。
❷Aを合わせ、けずりかつお半量を加えて、こごみをあえます。盛りつけて、残りのかつおをのせます。

ごはん（2人分）300g 222kcal/0g

みそ汁（2人分） 24kcal/1.1g

グリーンアスパラガス2本　うど1/4本(100g)　だしカップ1 1/2　みそ大さじ1

魚を煮つけるときは、煮汁を煮立てたところに、魚を入れるのがコツ。形がくずれにくく、くさみもおさえられる

春の食卓 丼ものに、とりどりの副菜で舌つづみ

1人分600kcal/塩分3.8g

親子丼（2人分）
403kcal/1.8g

- とりもも肉(皮なし)……… 80g
- A〈酒・しょうゆ…各小さじ½〉
- 卵 ……………………… 2個
- ねぎ ………………… ½本(50g)
- みつば ……………………… 4本
- B
  - だし ………………… カップ½
  - 砂糖 ………………… 大さじ½
  - みりん・しょうゆ
    ………………… 各大さじ1
- ごはん ……………………… 300g
- きざみのり ………………… 少々

❶とり肉は、ひと口大のそぎ切りにし、Aで下味をつけます。
❷ねぎは7～8mm厚さの斜め切り、みつばは3cm長さに切ります。卵はほぐします。
❸Bの煮汁を煮立てます。
❹親子鍋に、1人分の煮汁、肉、ねぎを入れ、ふたをして煮ます。肉が煮えたら、みつばの茎、卵を入れてふたをし、鍋をゆすりながら、約30秒煮て火を止めます。みつばの葉を加えます。
❺丼にごはんをよそい、❹をのせ、のりを散らします。

ふきの山椒煮（2人分）
32kcal/0.4g

- ふき ……… 120g（あれば野ぶき約7本）
- さんしょうの実の佃煮 ……… 小さじ½
- サラダ油 ……………… 小さじ½
- A
  - だし ………………… カップ½
  - 酒・みりん ……… 各大さじ1
  - 砂糖・しょうゆ
    ………………… 各小さじ1

❶ふきは塩少々(材料外)をふって板ずりし、ゆでます。水にとり、皮をむいて5cm長さに切ります。
❷鍋に油を熱し、ふきをさっといためます。Aとさんしょうの実を加え、弱火で、汁が約⅓量になるまで煮ます。汁ごとさまして味を含ませます。

さつまいもと豆の甘煮（2人分）
122kcal/0.2g

- さつまいも ………………… 100g
- きんとき豆(水煮缶詰) ……… 50g
- A〈水カップ¾ 砂糖大さじ2 塩少々〉

❶さつまいもは、皮つきのまま1.5cm角に切り、水にさらします。
❷鍋に、豆、さつまいも、Aを入れ、15分ほど煮ます。

セロリの昆布漬け（2人分）
6kcal/0.3g

- セロリ½本(50g) こんぶ2cm
- しょうゆ小さじ1 みりん小さじ½

❶セロリは筋をとり、5mm幅の斜め切りにします。こんぶは1cm角にはさみで切ります。調味料と合わせ、約15分おきます。

みそ汁（2人分）
37kcal/1.1g

- かぶ中1個(100g) 油揚げ¼枚 だしカップ1½ みそ大さじ1

親子丼のコツは、卵を流したら、鍋をゆすって底に卵がつかないようにすること。丼にきれいに移せます。

24

春の食卓 新じゃがは、揚げ煮がおいしい

1人分637kcal/塩分4g

新じゃがの肉じゃが（2人分）

288kcal/1.7g

新じゃがいも‥6〜7個(250g)
揚げ油 ……………… 適量
牛肩ロース肉(薄切り)…100g
たまねぎ ………… 3/4個(150g)
しょうが(薄切り)1かけ(10g)
A ┌ 砂糖 ……………… 大さじ1
　├ しょうゆ ……… 大さじ1 1/2
　└ 酒 ……………… 大さじ1
さやえんどう……… 10枚(20g)

❶じゃがいもは、皮をこそげます。中温(160〜170℃)の油で約5分揚げます。

❷たまねぎは2cm幅のくし形に、牛肉は5〜6cm長さに切ります。

❸鍋にAとしょうがを入れ、肉を入れてほぐしてから、加熱します。

❹肉の色が変わったら、たまねぎ、じゃがいも、かぶるくらいの水を加えます。アクをとり、落としぶたをして、中火で約12分、汁気が少なくなるまで煮ます。

❺さやえんどうをゆで、細切りにしてのせます。

うどとわかめの黄身酢（2人分）

77kcal/0.5g

うど ……………… 1/5本(80g)
新わかめ(塩蔵) ………… 20g
えび ……………… 2尾(60g)
[黄身酢]
　卵黄 ………………… 1個
　砂糖 ……………… 小さじ1
　薄口しょうゆ …… 小さじ1/2
　酢・だし ……… 各大さじ1
　みりん ………… 大さじ1/2
　かたくり粉 …… 小さじ1/8

❶うどは4cm長さに切り、皮をむいて酢水(水カップ1＋酢小さじ1)にさらします。わかめは洗い、2〜3cm長さに切って、熱湯にさっと通します。

❷えびは背わたをとり、酒少々(材料外)を加えた熱湯でさっとゆで、殻をむきます。

❸小鍋に黄身酢の材料を合わせ、混ぜながら、鍋を湯せんにかけます。とろりとしたら湯せんからはずし、あら熱がとれるまで混ぜます。①、②にかけます。

根三つ葉のおひたし（2人分）

11kcal/0.7g

根みつば ……………… 150g
もみのり ……………… 少々
A ┌ だし ……………… カップ1/2
　└ 薄口しょうゆ ……大さじ1

❶根みつばは根を落とし、ゆでて水気をしぼります。Aにひたします。

❷3〜4cm長さに切って器に盛り、Aをはって、もみのりをふります。

ごはん（写真は雑穀入り）（2人分）300g

222kcal/0g

みそ汁（2人分）

39kcal/1.1g

絹ごしどうふ1/4丁(70g)　オクラ1本　だしカップ1 1/2　みそ大さじ1

新じゃがはほっくりとは煮えませんが、みずみずしさが旬の味。皮は薄く、気にならなければついたままでも。

春の食卓　目には青葉、初がつおを食す

1人分517kcal/塩分3.3g

かつおのたたき（2人分）　161kcal/0.9g

かつお(皮つき・たたき用)	小1節(200g)
塩	小さじ1/3
酢	小さじ2
海藻サラダ(乾燥)	3g
だいこん	200g
みょうが	1個
しその葉	6枚
レモン	1/2個
しょうがのすりおろし	10g

[二杯酢]
- 酢・しょうゆ……各小さじ1
- だし……小さじ1 1/2

❶魚は両面に塩をふり、金串を刺します。直火で皮に焼き色がつくまで焼き、裏はさっと焼きます。氷水にとります。
❷まな板に置き、酢をふって包丁の腹でたたいてなじませ、冷やします。
❸海藻サラダはもどします。だいこんはせん切り、みょうがは薄切りにしてそれぞれ水に放します。二杯酢の材料は合わせます。
❹海藻とだいこんを混ぜて盛り、魚を切って盛ります。ほかの野菜とレモン、二杯酢を添えます。

菜花とあさりの からしあえ（2人分）　28kcal/0.8g

なばな	1/2束(100g)
あさり(むき身)	50g

A
- 酒……大さじ1
- しょうゆ……小さじ1/2

B
- しょうゆ……小さじ1
- 練りがらし……小さじ1/2
- いり煮にした汁……大さじ1

❶なばなはゆでて水にとり、水気をしぼります。3～4cm長さに切ります。
❷あさりは塩水（水カップ1/2＋塩小さじ1/2）で洗います。Aと一緒に鍋に入れ、汁が残る程度にいり煮します。
❸Bを合わせ、①、②をあえます。

じゃがいもの きな粉まぶし（2人分）　77kcal/0.5g

じゃがいも	1個(150g)

A
- 砂糖……小さじ1
- しょうゆ……小さじ1/2

きな粉……大さじ1 1/3

❶じゃがいもは1.5cm角に切り、水にさらします。
❷鍋に、①、かぶるくらいの水、Aを入れ、形がくずれない程度に煮ます。
❸さめてから、きな粉をまぶします。

ごはん（2人分）300g　222kcal/0g

みそ汁（2人分）　29kcal/1.1g

さやえんどう20g　たまねぎ1/4個(50g)　だしカップ1 1/2　みそ大さじ1

かつおの皮をさっとあぶると、生ぐささがとれ、香ばしさが出ます。浜でわら火であぶったのが始まりとか。

春の食卓　薫風のころ、戸外の零囲気で

1人分677kcal/塩分3.6g

和風しゅうまい（2人分）
333kcal/1.3g

- 豚ひき肉……………………100g
- ほたて水煮缶詰(フレーク)
  　……………… 小1缶(70g)
- ねぎ……………… ¼本(25g)
- しいたけ……………………1個
- しょうが……… 小1かけ(5g)
- かたくり粉 ………… 大さじ1
- 塩……………………小さじ¼
- こしょう………………… 少々
- しゅうまいの皮………… 20枚

❶しゅうまいの皮は、重ねたまま2～3mm幅に切り、ほぐします。
❷ねぎ、しいたけ、しょうがはみじん切りにします。
❸皮以外の材料(ほたては缶汁も)をボールに入れて、よく混ぜ、10個に丸めます。しゅうまいの皮をまぶします。
❹蒸気の立った蒸し器に入れ、10～12分蒸します。
＊味がしっかりついているので、そのままどうぞ。

竹の子のかか煮（2人分）
38kcal/0.7g

- ゆでたけのこ ……………80g
- A ┌ 水 ………カップ¾
  　├ けずりかつお 3g
  　├ みりん……大さじ1
  　└ しょうゆ大さじ½
- 木の芽 …………… 少々

❶たけのこは、食べやすい大きさに切ります。
❷鍋に①とAを入れ、煮汁が少なくなるまで煮ます。
❸木の芽を飾ります。

きゅうりの塩昆布あえ（2人分）
8kcal/0.3g

- きゅうり …………………1本
- 塩 …………………… 少々
- 塩こんぶ ………………… 3g

❶きゅうりは小口切りにし、塩をふります。
❷しんなりしたら、水気をしぼり、塩こんぶと合わせます。

焼きおにぎり（2人分）
236kcal/0.2g

- ごはん ……………………300g
- いりごま(黒・白)…各小さじ1
- しょうゆ……………… 小さじ½
- 葉しょうが……………… 2本

❶黒と白のごまを、温かいごはん半量ずつに混ぜ、2個ずつおにぎりにします。
❷熱した網で、おにぎりを焼きます。しょうゆをはけでひと塗りします。

みそ汁（2人分）
62kcal/1.1g

かぼちゃ100g　さやいんげん30g　油揚げ¼枚　だしカップ1½　みそ大さじ1

たまには、食卓のようすを少し変えてみませんか。いつもの料理が、楽しくいただけます。

春の食卓 刺身にひとくふうで小粋に

1人分614kcal/塩分3.4g

まぐろの刺身（2人分）
124kcal/1.5g

まぐろ(赤身・さく)	120g
アボカド	1/4個
レモン汁	少々
焼きのり	1/4枚
だいこんのつま	20g
にんじん	少々
練りわさび	少々
しょうゆ	大さじ1

❶ まぐろは2/3量を2cm角くらいの棒状に切り、のりで巻きます。6～8個に切り分けます。
❷ 残りのまぐろは、1cm角に切ります。アボカドも1cm角に切り、レモン汁をまぶします。にんじんは1cm角の色紙切りにし、水にさらします。
❸ 皿にだいこんのつまと、①、②を盛りつけます。わさびじょうゆでいただきます。

小柱と絹さやの かき揚げ（2人分）
186kcal/0.3g

小柱	80g
さやえんどう	60g
[天ぷら衣]	
水	カップ1/4弱
天ぷら粉	カップ1/4
揚げ油	適量
レモン	1/4個

❶ さやえんどうは筋をとり、斜め半分に切ります。小柱はさっと洗い、水気をよくふきます。
❷ 天ぷら衣を作り、さやえんどうと小柱を合わせます。
❸ 揚げ油を中温(約170℃)に熱し、揚げます。レモンを添えます。

刺身こんにゃくのとろろ（2人分）
53kcal/0.5g

さしみこんにゃく(青のり入り)	100g
やまのいも	120g
梅干し(減塩)	1個(15g)

❶ やまのいもはすりおろします。梅干しは果肉を細かくちぎります。こんにゃくは1cm角に切ります。
❷ 全部をざっと混ぜます。

ごはん（2人分）300g
222kcal/0g

みそ汁（2人分）
29kcal/1.1g

春キャベツ80g　グリーンアスパラガス2本　だしカップ1 1/2　みそ大さじ1

まぐろ、いわし、ぶりなどの魚にはビタミンEもたっぷり。ビタミンEは体の老化を防止する働きがあります。

春の食卓　作りおける主菜で、ビールを晩酌に

1人分599kcal/塩分4g

わかさぎの南蛮漬け（2人分）
104kcal/1.4g

わかさぎ	100g
小麦粉	大さじ1
揚げ油	適量
ねぎ	1/2本(50g)
セロリ	50g
しょうが	小1かけ(5g)
A { 水	カップ1/4
酒	大さじ1 1/2
しょうゆ	大さじ1 1/2
砂糖	小さじ2
B { 酢	大さじ1 1/2
赤とうがらし(小口切り)	1/2本

❶野菜はすべてせん切りにします。

❷鍋でAを煮立て、バットに入れて、Bを加えます。

❸魚は洗い、水気をペーパータオルでふきます。小麦粉をまぶします。

❹揚げ油を中温(約160℃)に熱し、魚を入れ、揚がりぎわに温度を上げて、からりとさせます。

❺②に野菜と魚を入れ、味をなじませます。

かぼちゃの甘煮（2人分）
86kcal/0.4g

かぼちゃ	200g
だし	カップ1
みりん	大さじ1 1/2
しょうゆ	小さじ1
枝豆(ゆでたもの)	10粒

❶かぼちゃは、ひと口大に切り、皮をところどころむきます。

❷鍋に、だし、みりん、かぼちゃを入れ、落としぶたとふたをして、5分ほど煮ます。しょうゆを加え、煮汁が少なくなったら、枝豆を加えて火を止めます。

高菜のいためごはん（2人分）
355kcal/1g

ごはん	400g
高菜漬け	35g
ねぎ	5cm
いりごま(白)	大さじ1
サラダ油	大さじ1/2
塩	少々
焼きのり	1/2枚

❶高菜漬けはみじん切りにし、水気をしぼります。ねぎもみじん切りにします。

❷フライパンに油を熱し、ねぎをいため、ごはん、高菜を加えていためます。ごまを加え、味をみて塩をふります。器に盛り、のりをちぎって散らします。

みそ汁（2人分）
54kcal/1.2g

わかめ(塩蔵)5g　とうふ1/4丁(70g)　万能ねぎ1本　だしカップ1 1/2　みそ大さじ1

わかさぎは骨ごと食べられるので、カルシウムが豊富です。南蛮漬けには、少なめの油で、揚げ焼きにしても。

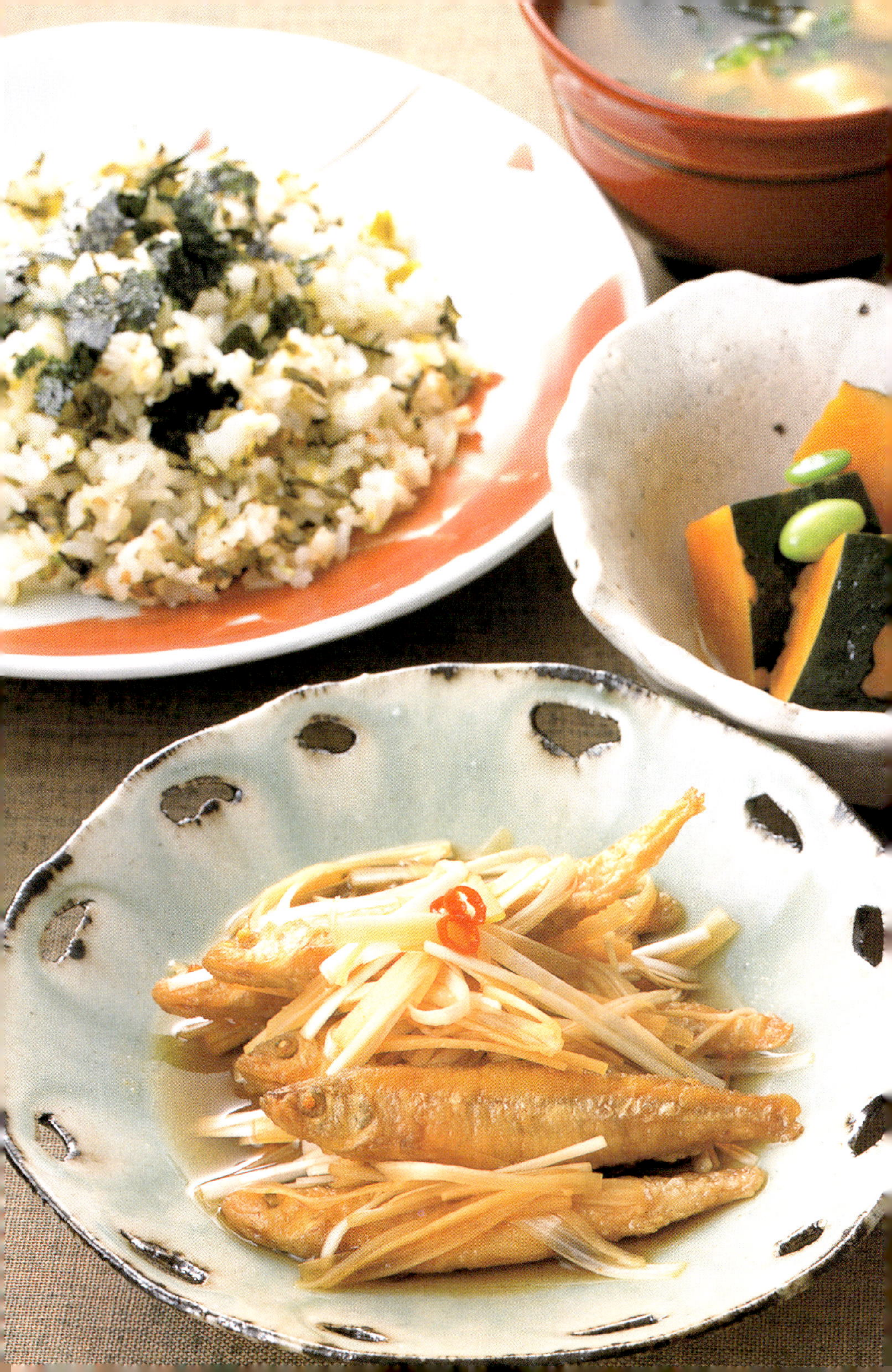

春の食卓 しょうゆ、みそ、梅と和の味を堪能

1人分664kcal/塩分3.6g

とりの照り焼き（2人分）
373kcal/1.5g

とりもも肉…………1枚(300g)
A ┌ 砂糖……………小さじ1/2
　└ しょうゆ………小さじ1/2
B ┌ 砂糖……………大さじ1/2
　│ みりん…………大さじ1/2
　│ しょうゆ………大さじ1
　└ 酒………………大さじ2
ねぎ………………1本(100g)
おかひじき………………30g
サラダ油…………………大さじ1

❶肉は脂肪と約半量の皮をとり、フォークでつついて皮に穴をあけます。Aをまぶして20分ほどおきます。Bは合わせます。
❷ねぎは4～5cm長さの4つ割りにします。おかひじきはゆでて同じ長さに切ります。
❸フライパンに油大さじ1/2を熱し、ねぎをいためてとり出します。油をたし、肉を皮側から焼きます。裏返し、弱火にしてふたをします。火が通ったらBを加えて、つやよくからめます。
❹肉、おかひじき、ねぎを盛りつけます。

竹の子の木の芽あえ（2人分）
86kcal/1g

ゆでたけのこ……………80g
A ┌ だし……………カップ1/4
　└ しょうゆ………小さじ1/2
ロールいか………………80g
　酒………………大さじ1
[木の芽みそ]
　白みそ……………大さじ1
　砂糖・酒・みりん…各大さじ1/2
　木の芽……………10～15枚

❶たけのこは3cm長さの薄切りにし、Aで5分ほど煮ます。
❷いかは3cm長さのたんざく切りにします。鍋にいか、酒を入れ、手早くいります。
❸木の芽は、飾り用を残して、すり鉢ですります。
❹木の芽みそのみそと調味料を鍋に合わせ、弱火で練り混ぜて、さまします。③に加えて混ぜ、①、②をあえます。

大根の梅がつお（2人分）
13kcal/0.5g

だいこん…………………100g
A ┌ 梅干し(減塩)…1個(15g)
　│ けずりかつお……少々
　└ だし……………大さじ2
きざみのり………………少々

❶だいこんは、せん切りにして水に放し、パリッとさせます。
❷梅干しの果肉をたたき、Aを混ぜます。
❸①に②をかけ、のりをのせます。

ごはん（写真は麦入り）（2人分）250g
185kcal/0g

すまし汁（2人分）
7kcal/0.6g

結び湯葉(乾燥)4個　みつば4本　だしカップ1 1/2　塩小さじ1/6　しょうゆ小さじ1/2

木の芽は、包丁できざんだり、すりつぶしたり、また、手の平にはさんでポンとたたいて香りを出します。

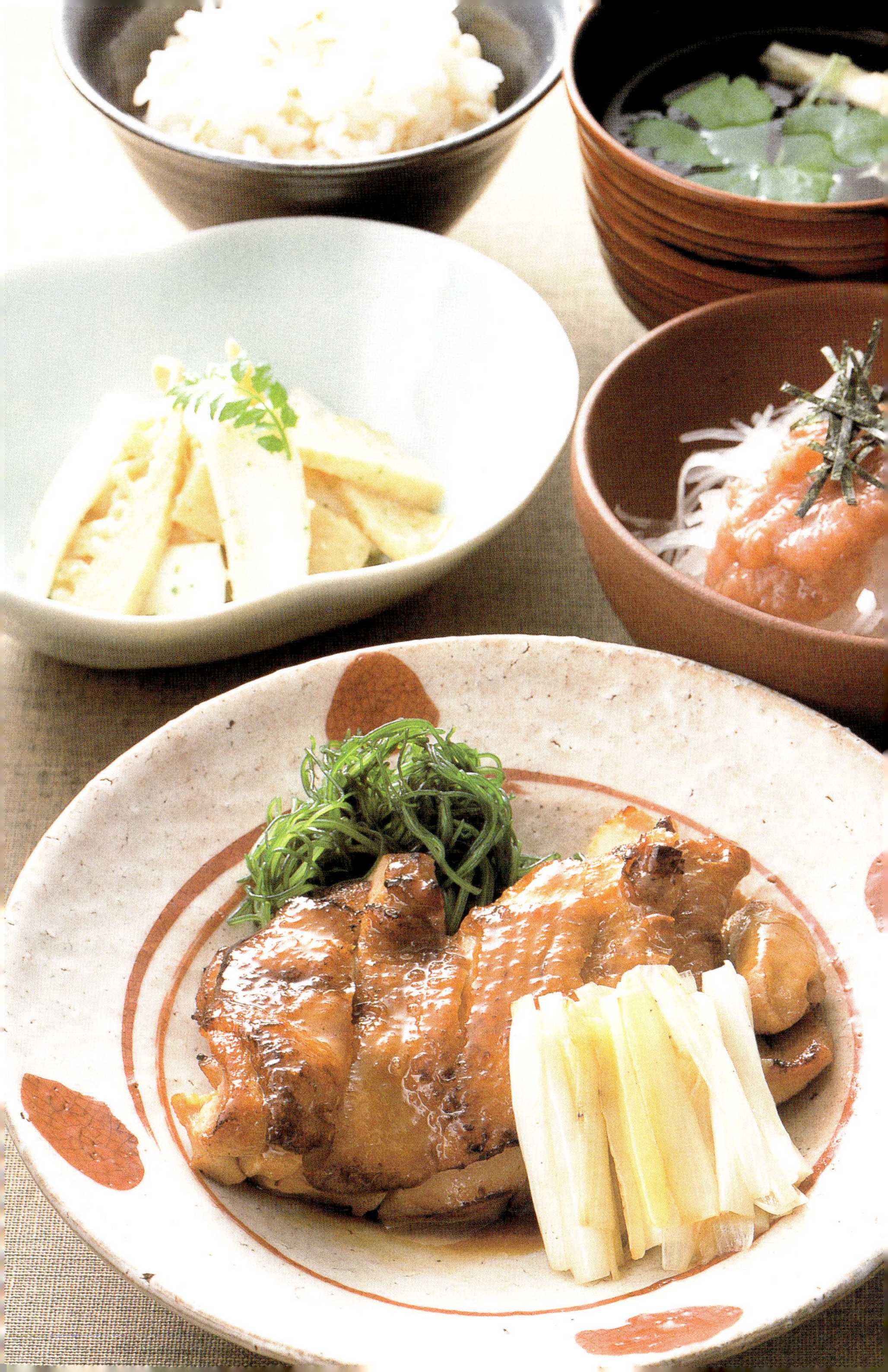

春の食卓　一尾魚を、しっかりいただく満足

1人分559kcal/塩分3.3g

あじの塩焼き レモンじょうゆ（2人分）　155kcal/1.4g

- あじ……………………2尾(360g)
- 塩………………………小さじ1/2
- グリーンアスパラガス(あればミニ)……………20g
- レモンの輪切り…………2切れ
- だいこんおろし…………80g
- ┌ しょうゆ……………大さじ1/2
- └ レモン汁……………大さじ1

❶魚は、ぜいご、えら、内臓を除いて洗い、表面に切り目を入れます。ざるにのせ、塩をふって、約20分おきます。

❷さっと洗って水気をとり、ひれに塩(材料外・こがさないため)をたっぷりまぶして、焼きます。

❸アスパラはゆでます。だいこんおろし、レモンじょうゆでいただきます。

ひじきの五目煮（2人分）　105kcal/1.1g

- ひじき……………………10g
- 油揚げ……………………1/2枚
- 干ししいたけ……………1個
- ごぼう……………………30g
- にんじん…………………30g
- さやいんげん……………30g
- サラダ油…………………大さじ1/2
- A ┌ だし……………………カップ1/2
-   │ しいたけのもどし汁……大さじ2
-   │ 砂糖……………………小さじ1
-   └ 酒・みりん・しょうゆ…各小さじ2

❶ひじきは洗い、水につけてもどします。しいたけももどして、薄切りにします。

❷ごぼうはささがきにして水にさらし、水気をきります。にんじんは細切りにします。

❸油揚げは熱湯をかけ、細切りにします。

❹鍋に油を熱し、①、②、③をいためます。Aを加え、汁気が少なくなるまで煮ます。

❺いんげんをゆでて1cm長さに切り、最後に加えます。

三色ピーマンのあえもの（2人分）　30kcal/0.1g

- ピーマン(赤・黄・緑)……合わせて120g
- クレソン…………………20g
- フレンチドレッシング……大さじ1/2

❶ピーマンはグリルやオーブントースターで焼き、薄皮をむいて、細切りにします。

❷クレソンと合わせ、ドレッシングであえます。

ごはん（2人分）300g　222kcal/0g

かきたま汁（2人分）　47kcal/0.7g

卵1個　みつば(3cm長さに切る)2本　だしカップ1 1/2　塩小さじ1/6　しょうゆ小さじ1/2　〈かたくり粉小さじ1/2　水小さじ1〉

❶だしを温めて塩、しょうゆで調味し、みつばの茎を入れます。

❷水どきかたくり粉でとろみをつけ、卵をといて流し入れます。葉を加えます。

ひじきは、日ごろ不足しがちな鉄分、カルシウム、食物繊維などが豊富。保存がきくので、こまめに利用しましょう。

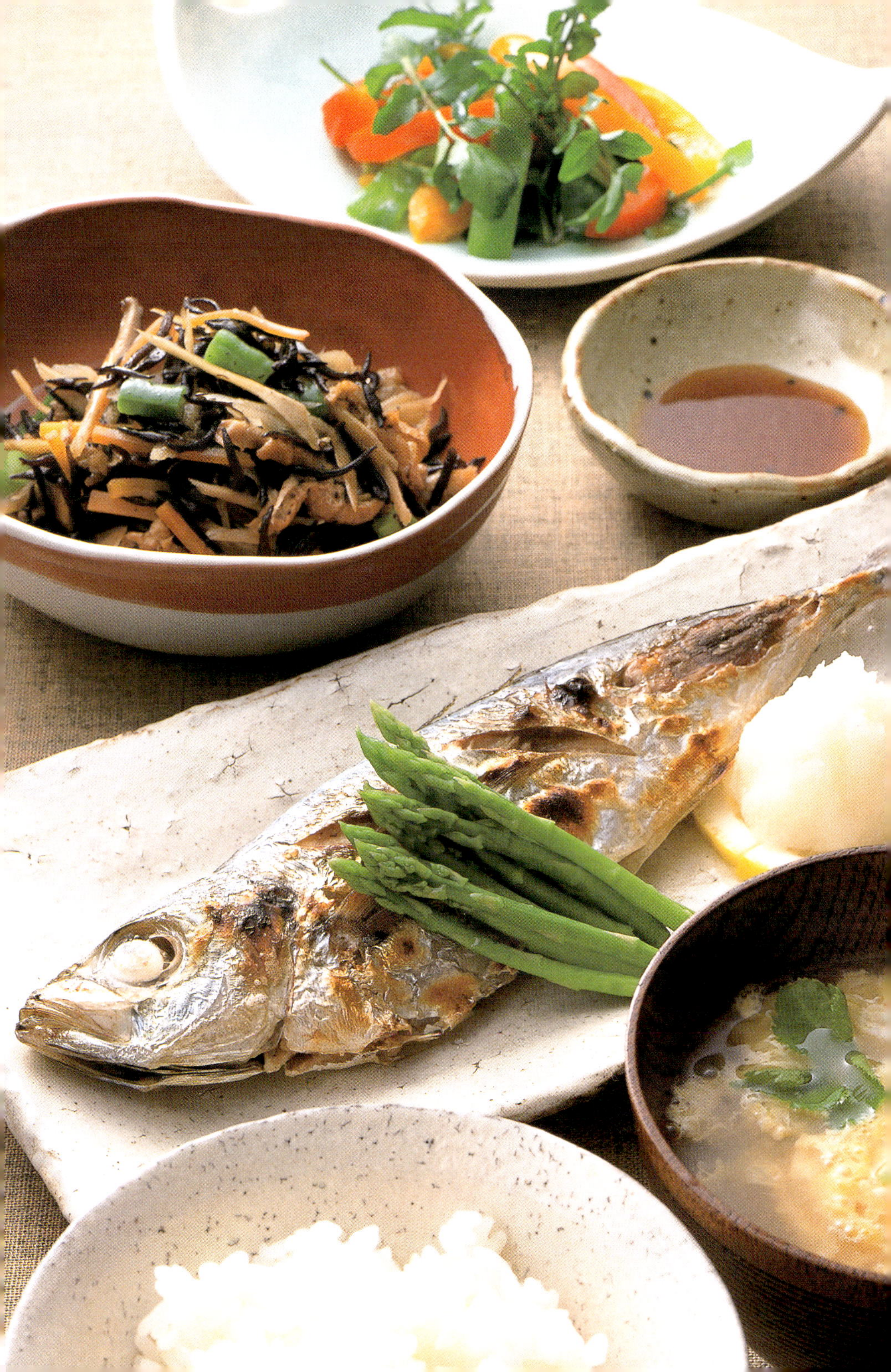

春の食卓　夏が近づくと、梅しそ味がおいしくなる

1人分668kcal/塩分3.8ｇ

豚肉の梅の香揚げ（2人分）

316kcal/1.4ｇ

豚もも肉(薄切り) ……… 150ｇ
　塩・こしょう………… 少々
梅干し(減塩)……… 2個(30ｇ)
しその葉…………………… 10枚
[フライ衣] 小麦粉大さじ1/2　卵1/2個
　パン粉大さじ3強
揚げ油 ………………………… 適量
[添え] 春キャベツ80ｇ　新たまねぎ25ｇ
　(あれば)紅たで少々

❶キャベツはせん切り、たまねぎは薄切りにし、水に放します。水気をきり、あればたでと合わせます。
❷梅干しは果肉をたたきます。
❸豚肉を2枚1組にして広げ、塩、こしょうをふります。しその葉と梅肉をのせ、端から巻きます。
❹フライ衣を順につけます。
❺揚げ油を中温(約170℃)に熱し、肉を揚げます。①と盛りつけます。

ふきと生麩の炊き合わせ（2人分）

81kcal/0.5ｇ

ふき ……………………………… 80ｇ
生麩 ……………………… 1/3本(80ｇ)
A ┌ だし ………………… カップ3/4
　├ みりん …………… 小さじ2
　├ 薄口しょうゆ …… 小さじ2
　└ 酒 ………………… 小さじ2
木の芽 …………………………… 少々

❶ふきは塩少々(材料外)をふって板ずりし、ゆでます。水にとり、皮をむいて3～4cm長さに切ります。生麩は6つに切ります。
❷鍋に、A、生麩を入れ、沸とう寸前に火を弱めて5分ほど煮ます。ふきを加え、ひと煮立ちしたら火を止め、汁ごとさまして味を含ませます。

なめこおろし（2人分）

16kcal/0.5ｇ

なめこ ………………… 1/2袋(50ｇ)
だいこん …………………… 150ｇ
しょうゆ …………………… 小さじ1

❶だいこんをすりおろし、水気を軽くきります。なめこをさっとゆでてのせます。
❷しょうゆをかけていただきます。

ごはん（2人分）300ｇ

222kcal/0ｇ

あさりのみそ汁（2人分）

33kcal/1.4ｇ

あさり(砂抜き) ………… 150ｇ
万能ねぎ(小口切り) ……… 1/2本
┌ こんぶ ………………… 5cm
├ 水 ………………… カップ2
└ みそ ………………… 大さじ1

❶分量の水にこんぶをつけおきます。
❷あさりは、殻をこすり合わせてよく洗います。①に入れて火にかけ、沸とうしたらこんぶをとり出します。貝の口が開いたら、アクをとり、みそをとき入れます。

あさりの汁は、水から貝を入れてうま味をひき出します。ここではこんぶのうま味をたしましたが、なくても。

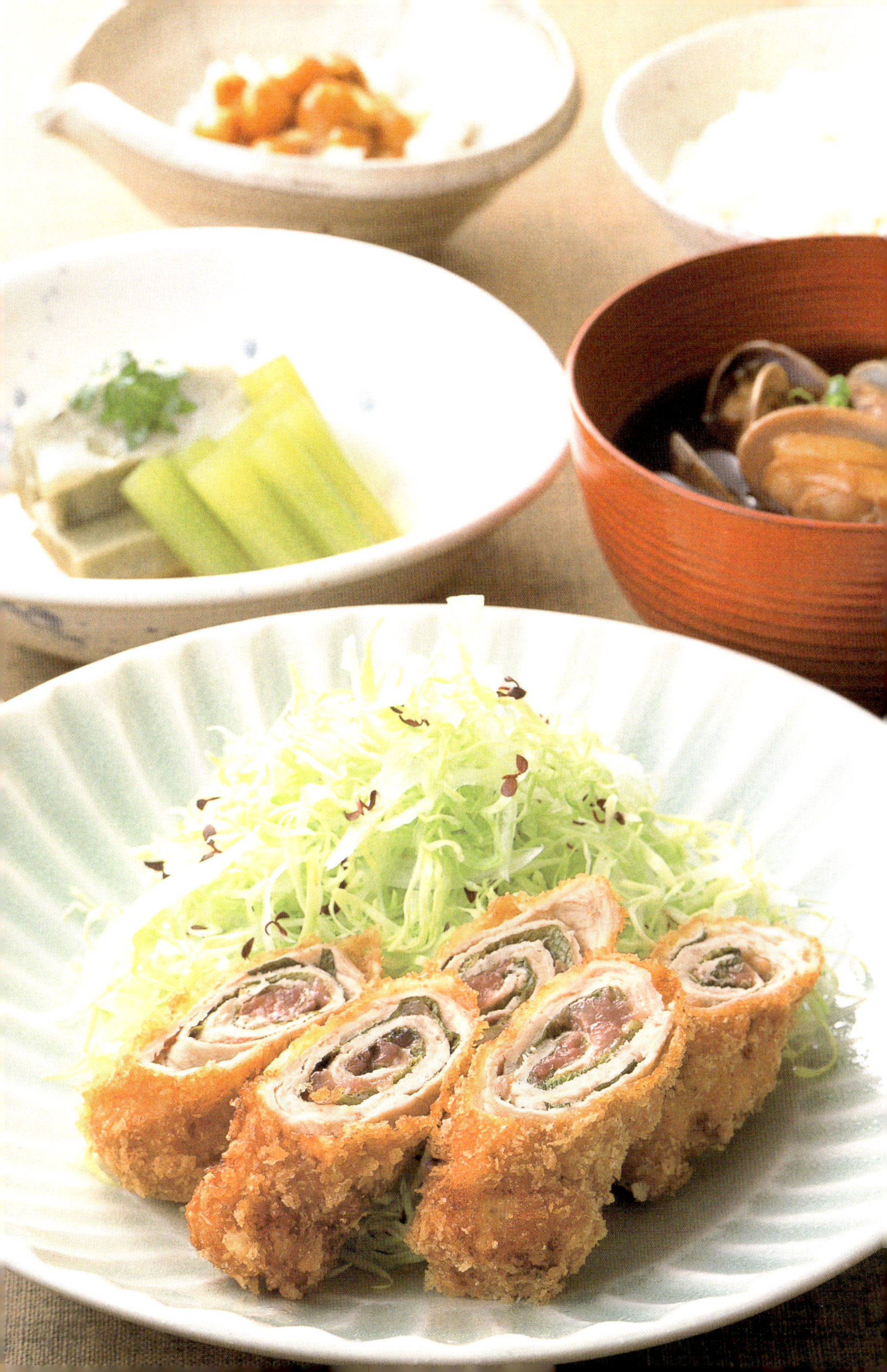

春の食卓　涼しげな刺身に、季節の薬味を添えて

1人分596kcal/塩分3.8g

いかの糸造り（2人分）

56kcal/1.1g

いか(さしみ用)	100g
みょうが	2個
そら豆	4粒
しその葉	2枚
［しょうが小1かけ(5g)	
しょうゆ…小さじ2	

❶そら豆はゆでます。みょうがはせん切りにし、水にさらして水気をきります。しょうがはすりおろします。

❷いかは5mm幅の細切りにします。

❸野菜といかを盛りつけます。しょうがじょうゆでいただきます。

生揚げのいんろう煮（2人分）

260kcal/1.2g

生揚げ	小2枚(200g)
かたくり粉	小さじ1
A［豚ひき肉	50g
しょうゆ	小さじ1/2
しょうが汁	小さじ1/2
卵	1/4個
ねぎのみじん切り	10cm
B［だし	カップ3/4
砂糖・みりん	各小さじ2
酒・しょうゆ	各小さじ2
塩	少々
こまつな	80g

❶生揚げは熱湯をかけ、2つに切って、中央をくり抜きます。中にかたくり粉約半量をふります。

❷ボールにA、生揚げの中身を入れ、よく混ぜます。これを生揚げに詰め、上に残りのかたくり粉をふります。

❸鍋にBを煮立て、②を入れて、弱火で15分ほど煮ます。

❹こまつなをゆでて、4cm長さに切ります。③の煮あがりぎわに加え、盛り合わせます。

春キャベツの即席漬け（2人分）

15kcal/0.3g

春キャベツ	80g
きゅうり	1/2本(50g)
ラディッシュ	2個
［塩	小さじ1/4
酢	小さじ1

❶キャベツはざく切りにします。きゅうり、ラディッシュは薄切りにします。

❷野菜に調味料をふり、軽くもんで、10分ほどおきます。水気をしぼります。

ごはん（2人分）300g

222kcal/0g

みそ汁（2人分）

43kcal/1.2g

じゃがいも1/2個(70g)　わかめ(塩蔵)5g　だしカップ1 1/2　みそ大さじ1

いかの刺身は「糸造り」にして盛ります。身のしまった白身魚などを細長く切る刺身の切り方です。

42

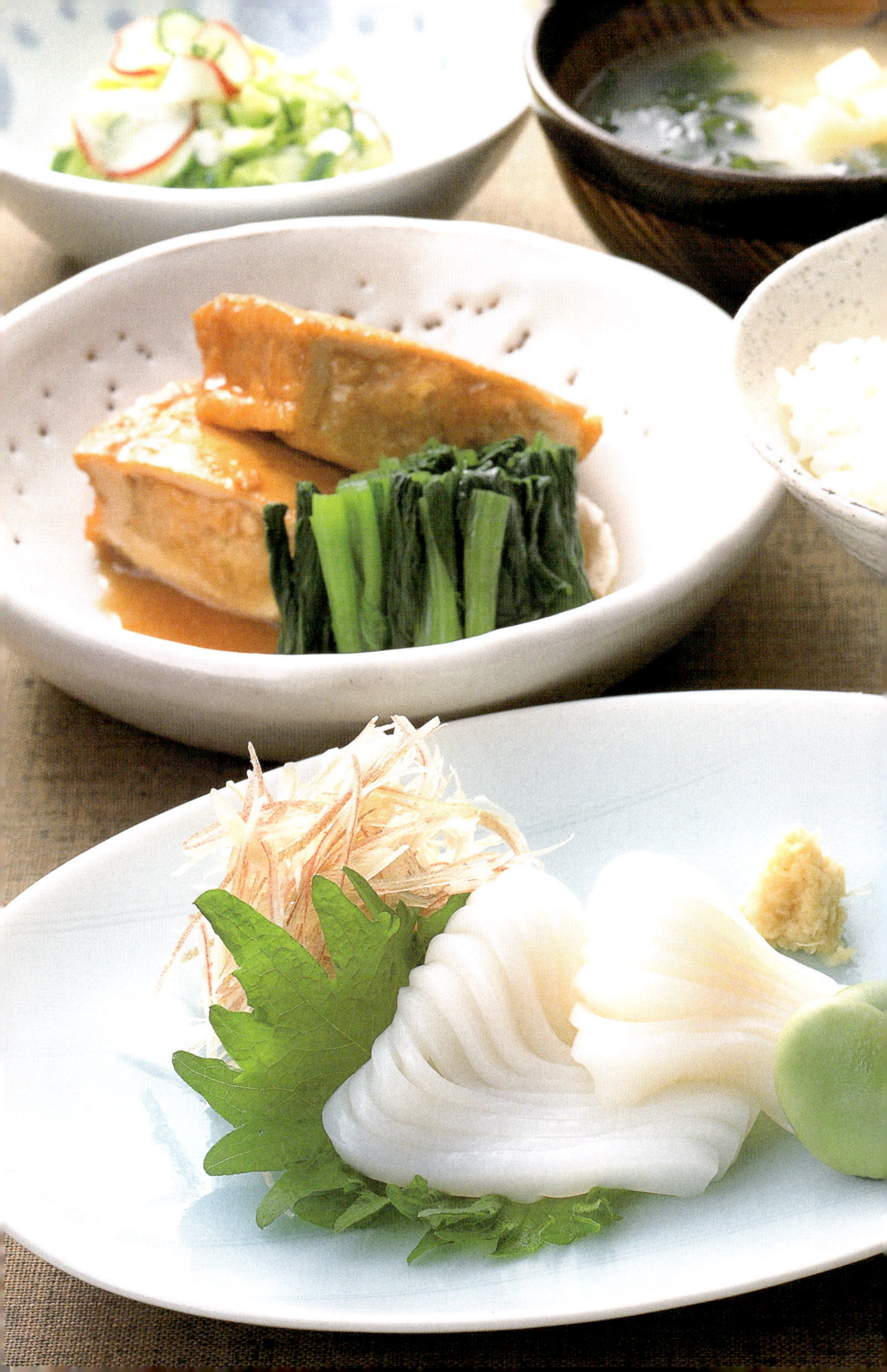

夏の食卓 深川めしに冷奴。さっぱりとした夏の夕餉

1人分496kcal/塩分4g

いぼ鯛の開き（2人分）
92kcal/1.7g

いぼだい開き干し ……… 2枚(160g)
だいこん …………………… 80g
みょうがたけ ……………… 1本
酢 ………………………… 小さじ1

❶だいこんをすりおろし、水気を軽くきります。みょうがたけは小口切りにし、だいこんに混ぜ、酢も混ぜます。
❷魚を焼き、①を添えます。

すくい豆腐とトマトのぽん酢かけ（2人分）
77kcal/0.5g

寄せどうふ ……… 1個(200g)
トマト …………… 1個(200g)
しその葉 …………………… 4枚
[ぽん酢しょうゆ]
　レモン汁大さじ1
　しょうゆ小さじ1

❶トマトは大きめの乱切りにします。しそはせん切りにして水にさらします。
❷とうふをスプーンですくって、トマトと盛りつけ、しそをのせます。ぽん酢しょうゆでいただきます。

オクラのみそあえ（2人分）
10kcal/0.2g

オクラ ……………………… 6本
A ┌ だし ……………… 小さじ1
　├ みそ ……………… 小さじ½
　└ 砂糖 ………………… 少々

❶オクラはゆでて、1cm幅に切ります。
❷Aであえます。

深川めし（5人分）
283kcal/0.5g

米 ………… 米用カップ2(360cc)
だし ……………………… 330cc
あさり(むき身) ………… 100g
A ┌ 酒 ………………… 大さじ1
　└ しょうゆ ………… 小さじ1
しょうが ……… 大1かけ(20g)
あさつき(小口切り) ……… 2本

❶米は洗い、たっぷりの水に30分以上つけます。
❷あさりは塩水(水カップ1＋塩小さじ1)の中でふり洗いし、水気をきります。Aをかけて10分おきます。しょうがはせん切りにします。
❸米の水気をきり、だし、②（貝はつけ汁ごと）と合わせて、炊きます。
❹茶碗に盛り、あさつきを散らします。

みそ汁（2人分）
34kcal/1.1g

かぼちゃ50g　さやえんどう4枚　だしカップ1½　みそ大さじ1

このごはんは、東京の下町・深川の名物。身のしまったつややかなむき身が手に入ったら、ぜひお試しを。

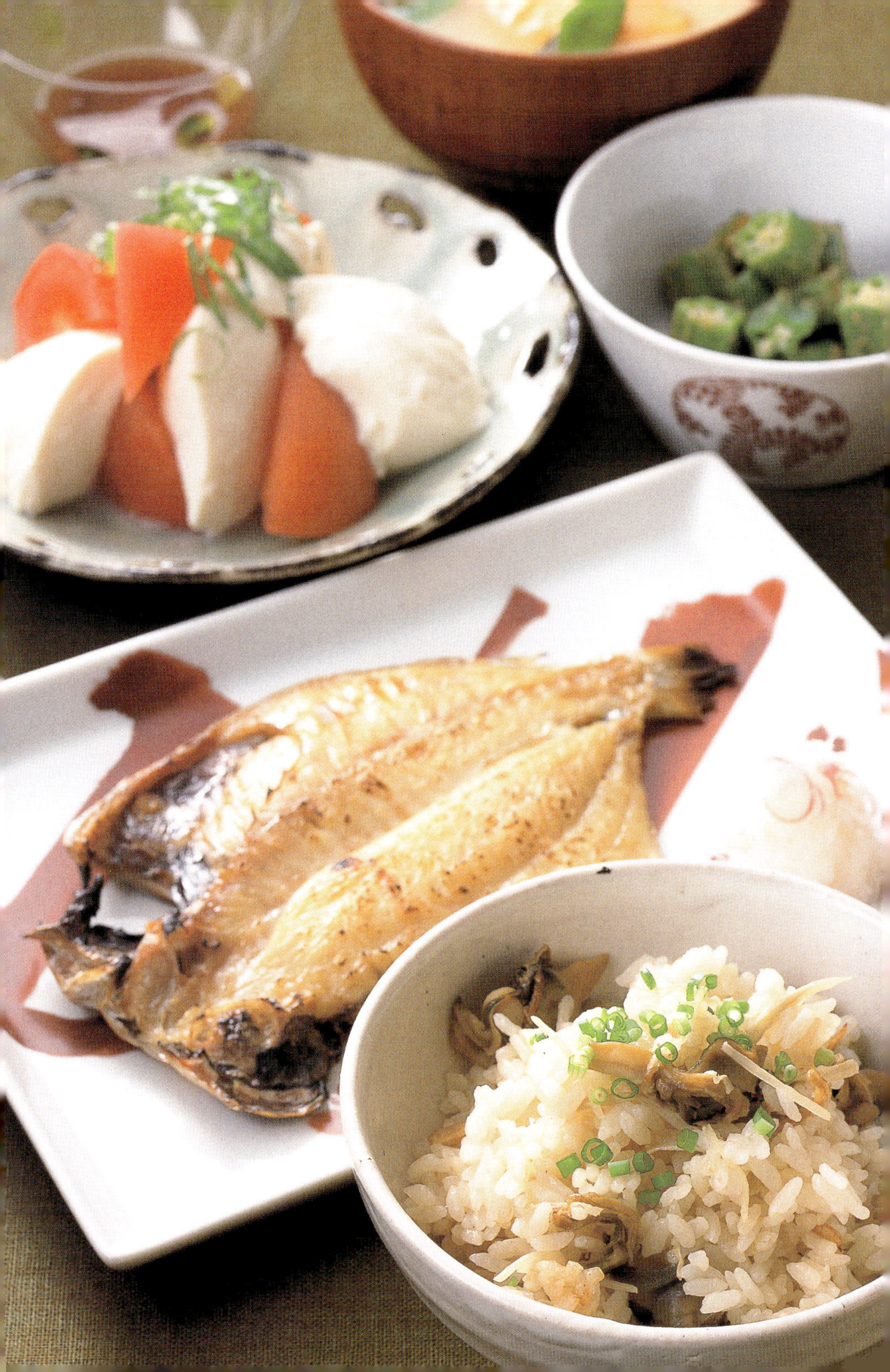

夏の食卓 しょうゆ味のおそうざいで、食指が動く

1人分571kcal/塩分4g

いかの煮つけ（2人分）
126kcal/1.7g

するめいか ……1ぱい(300g)
わけぎ……………………80g
しょうが ………1かけ(10g)
A ┌ 砂糖……………大さじ1
　├ しょうゆ…………大さじ1
　└ 酒………………大さじ1

❶いかは内臓をとり、胴は皮つきのまま輪切りにします。足は、吸盤と足先を除き、食べやすく切ります。

❷わけぎは4cm長さに、しょうがは薄く切ります。

❸鍋にAを中火で煮立て、しょうが、いかを入れます。いかが白っぽくなったら、わけぎを加えてさっと煮ます。

桜えびとじゃがいものきんぴら（2人分）
121kcal/0.7g

桜えび(乾燥)…………大さじ2
じゃがいも ……………150g
さやえんどう……………8枚
バター ……………………15g
しょうゆ…………………小さじ1

❶じゃがいもは7〜8mm幅のたんざく切りにします。さやえんどうは筋をとり、2〜3つに切ります。

❷フライパンにバターを溶かし、じゃがいもをいためます。すき通ったら、さやえんどう、桜えびを加え、しょうゆで味をととのえます。

そら豆のじか煮（2人分）
64kcal/0.5g

そら豆(さやつき)………300g
A ┌ だし……………カップ1/2
　├ しょうゆ………大さじ1/2
　├ 酒………………大さじ1/2
　└ みりん…………大さじ1/2

❶そら豆は、さやからとり出し、味がしみるように、豆の下のほうに5mm深さの切り目を1本入れます。

❷Aで6〜7分煮て、煮汁につけたままさまし、味を含ませます。

さやが空を向いてつくので空豆。空気に触れると鮮度が落ちるため、作る直前にさやから出します。

ごはん（写真は市販五穀米ミックス）（2人分）300g
222kcal/0g

みそ汁（2人分）
38kcal/1.1g

だいこん50g　油揚げ1/3枚　こまつな20g　だしカップ1 1/2　みそ大さじ1

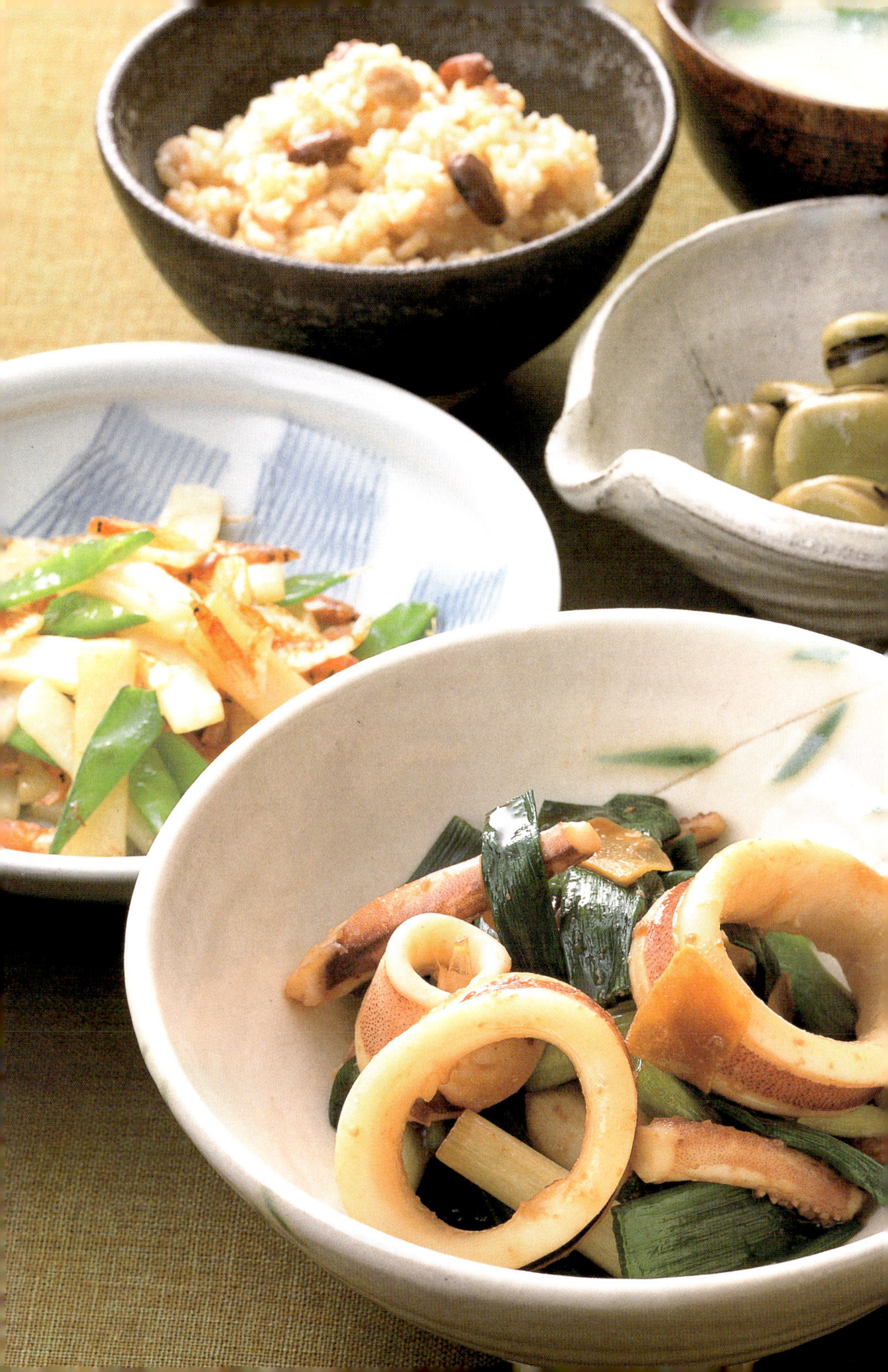

夏の食卓 コクがあり、汁がジュワッとしみた夏の主菜

1人分546kcal/塩分3.1g

とり肉と夏野菜の揚げびたし（2人分）
212kcal/1.1g

- とりむね肉 ………… 100g
- A〈塩小さじ1/6　酒小さじ1/2〉
- かたくり粉 ………… 小さじ2
- かぼちゃ …………… 100g
- オクラ ……………… 4本
- なす ………………… 1個
- 揚げ油 ……………… 適量
- B〈だしカップ1　しょうゆ・酒 各大さじ1　砂糖小さじ1〉

❶かぼちゃは5mm厚さに切り、オクラはがくをけずります。なすは縦半分に切り、格子に切り目を入れて斜め半分に切ります。
❷とり肉は、ひと口大のそぎ切りにします。Aで下味をつけます。
❸Bをひと煮立ちさせ、バットに入れます。
❹肉にかたくり粉をまぶします。揚げ油を中温（160〜170℃）に熱し、野菜、肉の順に揚げます。Bにつけます。

にんじんのプルーン煮（2人分）
87kcal/0.3g

- にんじん …………… 120g
- A〈水カップ1/2　スープの素小さじ1/4　はちみつ小さじ1〉
- プルーン（種なし）… 6個

❶にんじんは5〜6mm厚さの輪切りにします。
❷Aで、にんじんをやわらかくなるまで煮ます。プルーンを加え、5分ほど煮ます。

苦瓜のおひたし（2人分）
10kcal/0.5g

- にがうり …………… 小1/2本（50g）
- けずりかつお ……… 3g
- A［酢・しょうゆ 各小さじ1/2］

❶にがうりは縦半分に切り、わたを除いて、薄切りにします。塩小さじ1/6（材料外）をふって少しおき、熱湯でさっとゆでます。
❷水気をきり、Aであえて、かつおをまぶします。

沖縄の味、ゴーヤー（苦瓜）はビタミンCが豊富。塩もみしてゆでれば、独特の苦味もほどよい味に仕上がります。

新しょうがごはん（5人分）
234kcal/0.3g

- 米 …………… 米用カップ2（360cc）
- 油揚げ ……………… 1枚
- 新しょうが ………… 30g
- A〈だし360cc　酒大さじ1　薄口しょうゆ大さじ1/2〉
- ＊米は1割をもち米にしても。

❶米は洗い、たっぷりの水につけて30分以上おきます。
❷油揚げは熱湯をかけ、細切りにします。しょうがはせん切りにします。
❸米の水気をきり、②、Aと合わせて、炊きます。

岩のりのすまし汁（2人分）
3kcal/0.9g

- 岩のり（乾燥）大さじ2　みつば2本
- だしカップ1・1/2　塩小さじ1/4　しょうゆ小さじ1/2

＊椀に、岩のり、みつばを入れ、だしを調味してそそぎます。

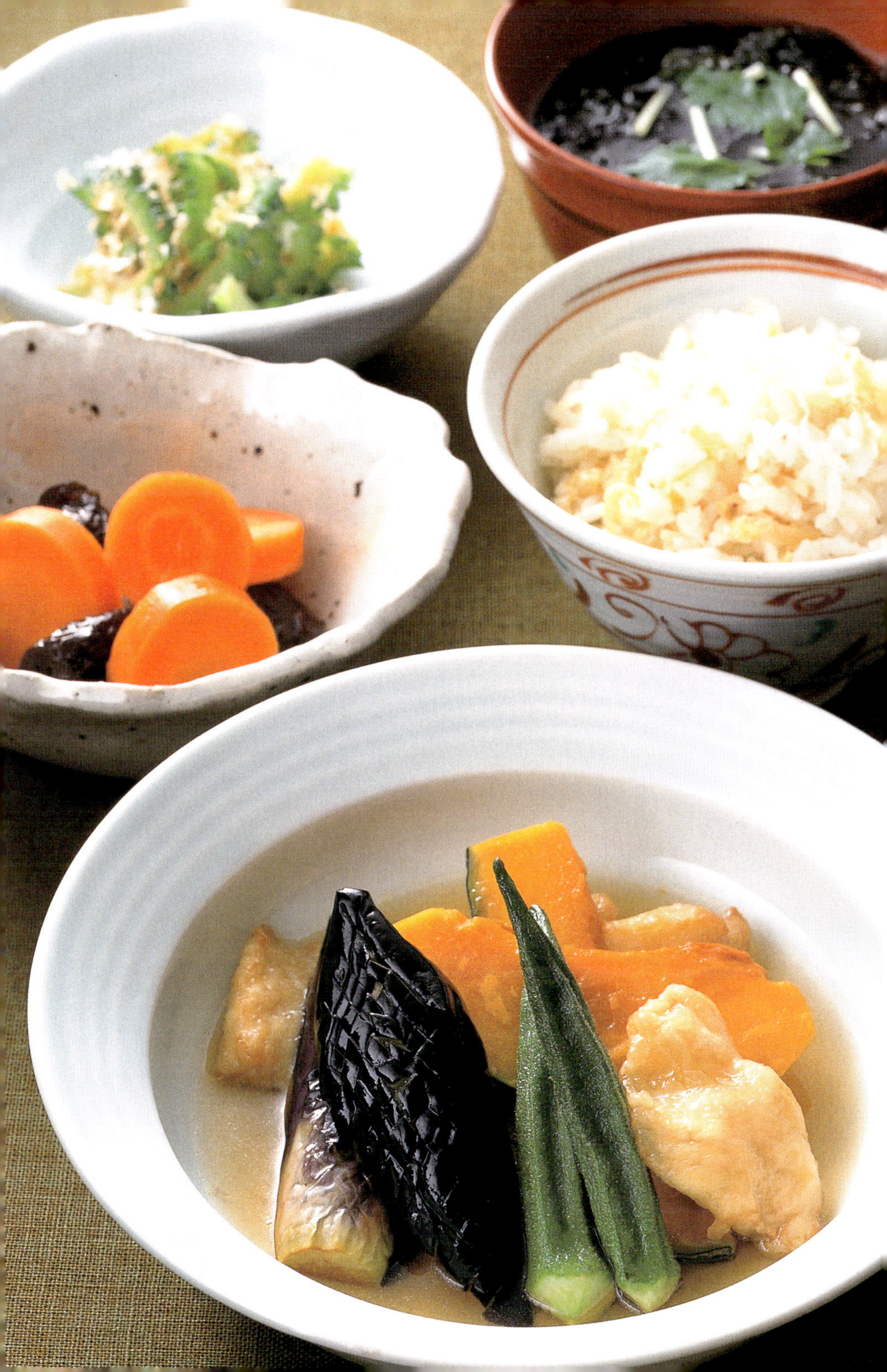

夏の食卓 淡泊な魚と木の芽みそ。絶妙な出会い

1人分598kcal/塩分3.6g

鮎の田楽（2人分）
160kcal/1g

あゆ……………………2尾(200g)
木の芽……………………8枚
A ┌ 赤みそ…大さじ1弱(15g)
　├ 砂糖……………… 小さじ2
　└ 酒………………… 小さじ1
みょうが ……………………2個
B ┌ 砂糖……………… 大さじ1
　└ 酢………………… 大さじ2

❶みょうがはさっとゆで、Bにつけます。
❷あゆはうろこを包丁でこそげとり、ひれに塩(材料外・こがさないため)をたっぷりつけます（頭から尾に向かって串を打つと形よく焼けます）。
❸魚を両面焼きます。
❹木の芽は飾り用をとりおき、残りを細かくきざんでAと混ぜます。
❺魚の表側に④をのせ、少し焼いてみそにこげ目をつけます。

いんげんと がんもの煮もの（2人分）
159kcal/1.4g

さやいんげん ……………50g
京がんも…………………… 4個
A〈だしカップ3/4　砂糖・酒各大さじ1　しょうゆ大さじ1〉

❶がんもどきは熱湯をかけます。いんげんは5cm長さに切ります。
❷Aでがんもを10分ほど煮ます。いんげんを加えて5分煮ます。

新たまねぎのレモンじょうゆ（2人分）
43kcal/0.5g

新たまねぎ …………1個(200g)
しその葉 …………………4枚
けずりかつお………………3g
A〈レモン汁大さじ1　しょうゆ小さじ1〉

❶たまねぎは薄切りに、しそはせん切りにして両方を水にさらします。
❷①の水気をきり、けずりかつおを混ぜます。Aを合わせてかけます。

ごはん（2人分）300g
222kcal/0g

冬瓜の吉野汁（2人分）
14kcal/0.7g

とうがん100g　あさつき(小口切り)1本　だしカップ2　塩小さじ1/6　しょうゆ小さじ1/2　かたくり粉・水各大さじ1/2

❶とうがんは種とわたをとり、ひと口大に切って皮を薄くむきます。皮側に格子の切り目を入れます。
❷だしで、①をやわらかく煮ます。調味し、水どきかたくり粉でとろみをつけます。
❸②を椀に盛り、あさつきをのせます。

天然あゆは川の苔を食べるために独特の香りがし、香魚とも呼ばれます。

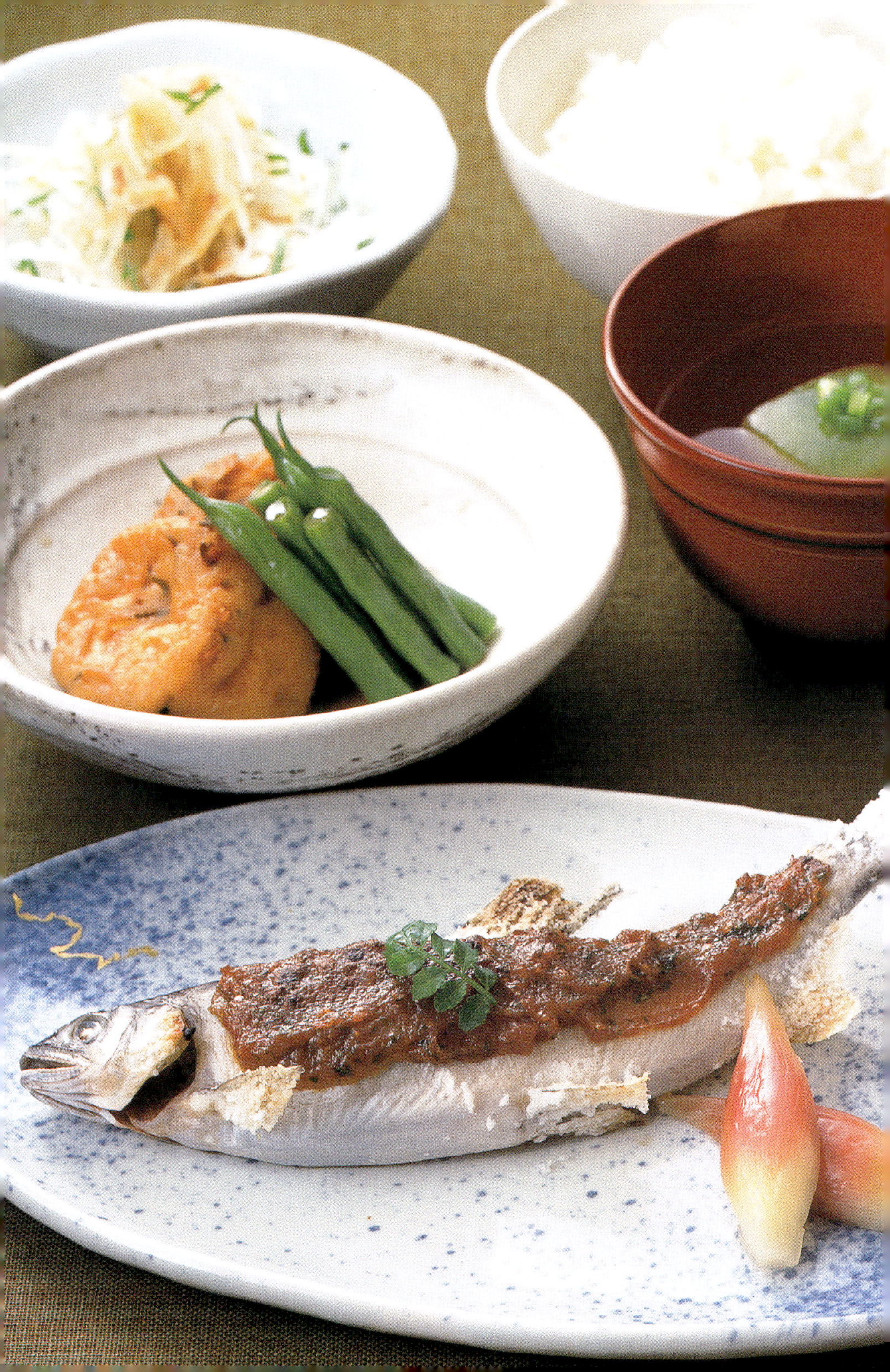

夏の食卓　身のふくよかな穴子を天ぷらで

1人分674kcal/塩分3.6g

穴子の天ぷら（2人分）

270kcal/1.3g

- あなご……………………80g
- さやえんどう………………6枚
- みょうが……………………2個
- しいたけ……………………2個
- [天ぷら衣] 水カップ1/4　とき卵大さじ1　小麦粉大さじ4弱
- 揚げ油………………………適量
- [天つゆ] だしカップ1/4　しょうゆ・みりん各大さじ1
- [薬味] だいこん50g　しょうが1かけ(10g)

❶あなごは皮のぬめりを包丁でこそげとり、4つに切ります。
❷さやえんどうは筋をとります。みょうがは縦半分に切ります。しいたけは軸をとり、飾り切りを入れます。
❸天つゆの材料を1度煮立てます。天ぷら衣の材料を合わせます。
❹揚げ油を中温(約170℃)に熱し、衣をつけながら、野菜、あなごの順に揚げます。
❺だいこん、しょうがをすりおろし、天つゆとともに添えます。

かぼちゃのそぼろあん（2人分）

137kcal/0.7g

- かぼちゃ……………………200g
- しょうが………小1かけ(5g)
- とりひき肉…………………50g
- A
  - だし………………カップ1
  - 砂糖………………大さじ1/2
  - 酒・しょうゆ…各大さじ1/2
- かたくり粉・水……各小さじ1

❶かぼちゃはひと口大に切り、ところどころ皮をむきます。しょうがはみじん切りにします。
❷鍋に、Aとかぼちゃを入れ、弱火で煮ます。煮えたらかぼちゃをとり出し、残りの煮汁に、ひき肉、しょうがを入れて混ぜ、火を通します。水どきかたくり粉でとろみをつけ、かぼちゃにかけます。

明日葉のおひたし（2人分）

20kcal/0.5g

- あしたば…………80g
- A
  - しょうゆ・だし……各小さじ1
- けずりかつお……3g

❶あしたばは、やわらかめにゆでて水にとり、水気をしぼります。3cm長さに切ります。
❷Aを合わせてかけ、けずりかつおをのせます。

ごはん（2人分）300g

222kcal/0g

しじみのみそ汁（2人分）

25kcal/1.1g

- しじみ100g　みつば(細かくきざむ)2本　だしカップ1 1/2
- 豆みそ(八丁みそなど)大さじ1

❶だしにしじみを入れ、火にかけます。アクをとり、口が開いたら、みそをとき入れます。みつばを散らします。

今日摘んでも、"あした"には芽が出るといわれるほど生命力旺盛な明日葉。ビタミン、鉄分など栄養素も豊富。

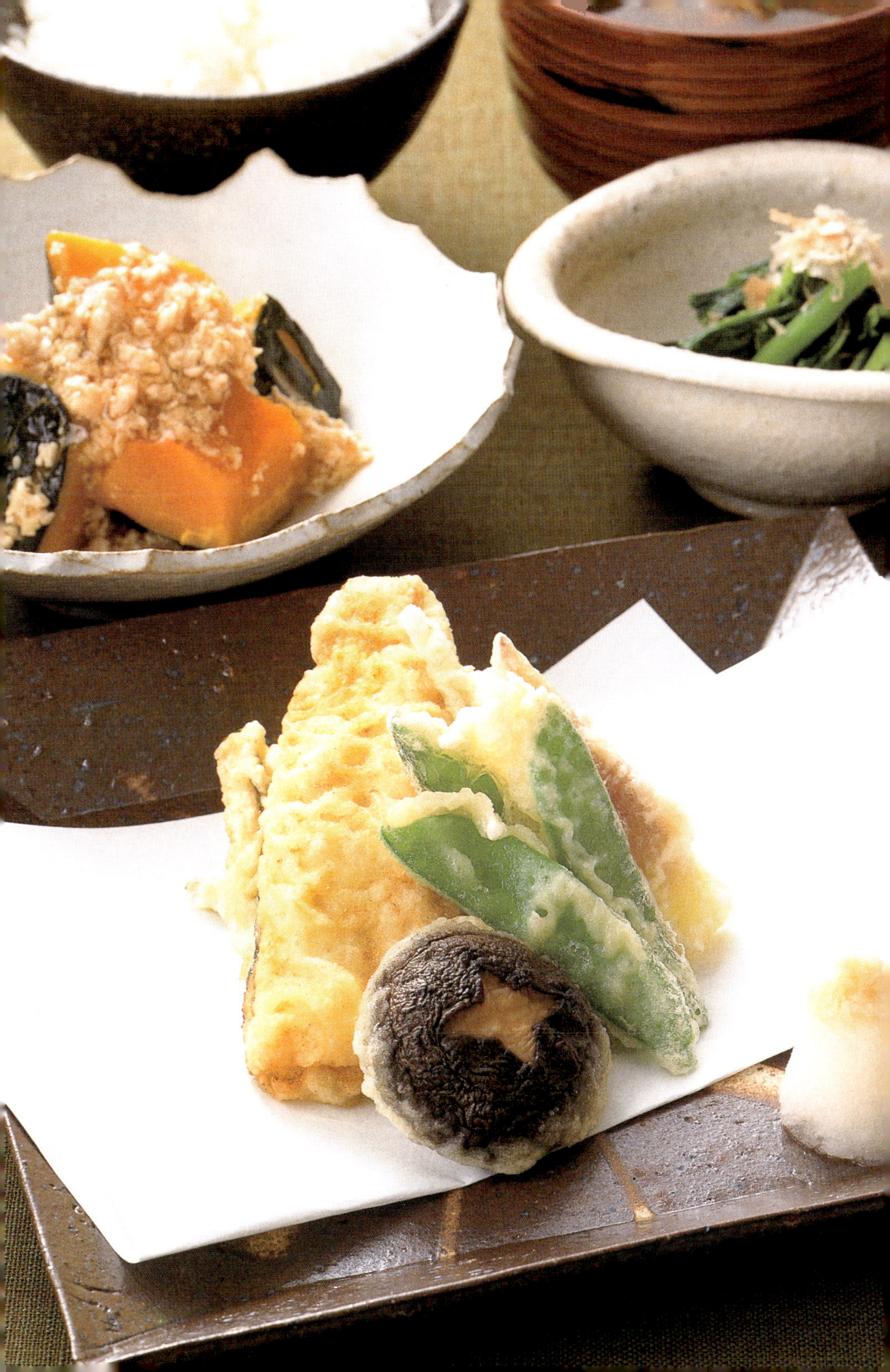

夏の食卓 手でざっくり混ぜる、豪快な漁師料理を

1人分624kcal/塩分3.3g

かつおの手こねずし（4人分）
413kcal/1.5g

米 ………… 米用カップ2（360cc）
　〈こんぶ5cm　酒大さじ1〉
[合わせ酢] 酢大さじ3　砂糖
　大さじ1　塩小さじ4/5
かつお(さしみ用)‥小1節(300g)
　A〈しょうゆ大さじ1　みり
　　ん大さじ1/2〉
れんこん ………………… 100g
　B〈砂糖・だし各大さじ1
　　酢大さじ2　塩少々〉
しその葉 ………………… 10枚
しょうが ………… 1かけ(10g)
いりごま(白) ………… 大さじ1
焼きのり ………………… 1/2枚

❶米は洗い、同量の水(360cc)にこんぶを入れ、30分以上つけます。酒を加えて炊きます。
❷かつおは5mm厚さに切り、Aに20分ほどつけます。
❸れんこんは薄い半月切りにし、Bでいり煮にします。
❹しそはせん切りにして水にさらし、水気をきります。しょうがもせん切りにします。
❺温かいごはんに合わせ酢を混ぜ、さめたら、③、④、ごま、かつおと、つけ汁少々を混ぜます。のりを細切りにして散らします。

なすとアスパラのみそいため（2人分）
179kcal/0.8g

なす ……………… 2個(140g)
グリーンアスパラガス… 5本(100g)
みょうが ………………… 1個
サラダ油 …………… 大さじ2
A〈白みそ・酒 …… 各大さじ1
　 砂糖・しょうが汁 各小さじ1
　 しょうゆ ……… 小さじ1/2〉

❶なすは乱切りにします。アスパラはかたい皮をむいて、4cm長さに切ります。みょうがは6つ割りにします。Aは合わせます。
❷フライパンに油を熱し、野菜をいためます。全体によく油が回ったら、Aを加え、からめます。

ししとうがらしの焼きびたし（2人分）
9kcal/0.3g

ししとうがらし… 1/2パック(50g)
めんつゆ(市販) ……… カップ1/4

❶ししとうをフライパンで素焼きし、めんつゆ(薄めてあるもの)につけます。

吉野どり（2人分）
23kcal/0.7g

とりささみ1本(40g)　A〈酒小さじ1/2　塩少々〉　かたくり粉小さじ1　みつば(結ぶ)2本　〈だしカップ1 1/2　塩小さじ1/6　しょうゆ小さじ1/2〉

❶ささみは、ひと口大のそぎ切りにし、Aをふって5分ほどおきます。かたくり粉をまぶし、ゆでます。椀に盛ります。
❷だしを温めて調味します。椀にそそぎ、みつばをのせます。

産地が奈良県吉野地方だったため、くず粉（代わりにかたくり粉）を使う料理に"吉野"の名がつきます。

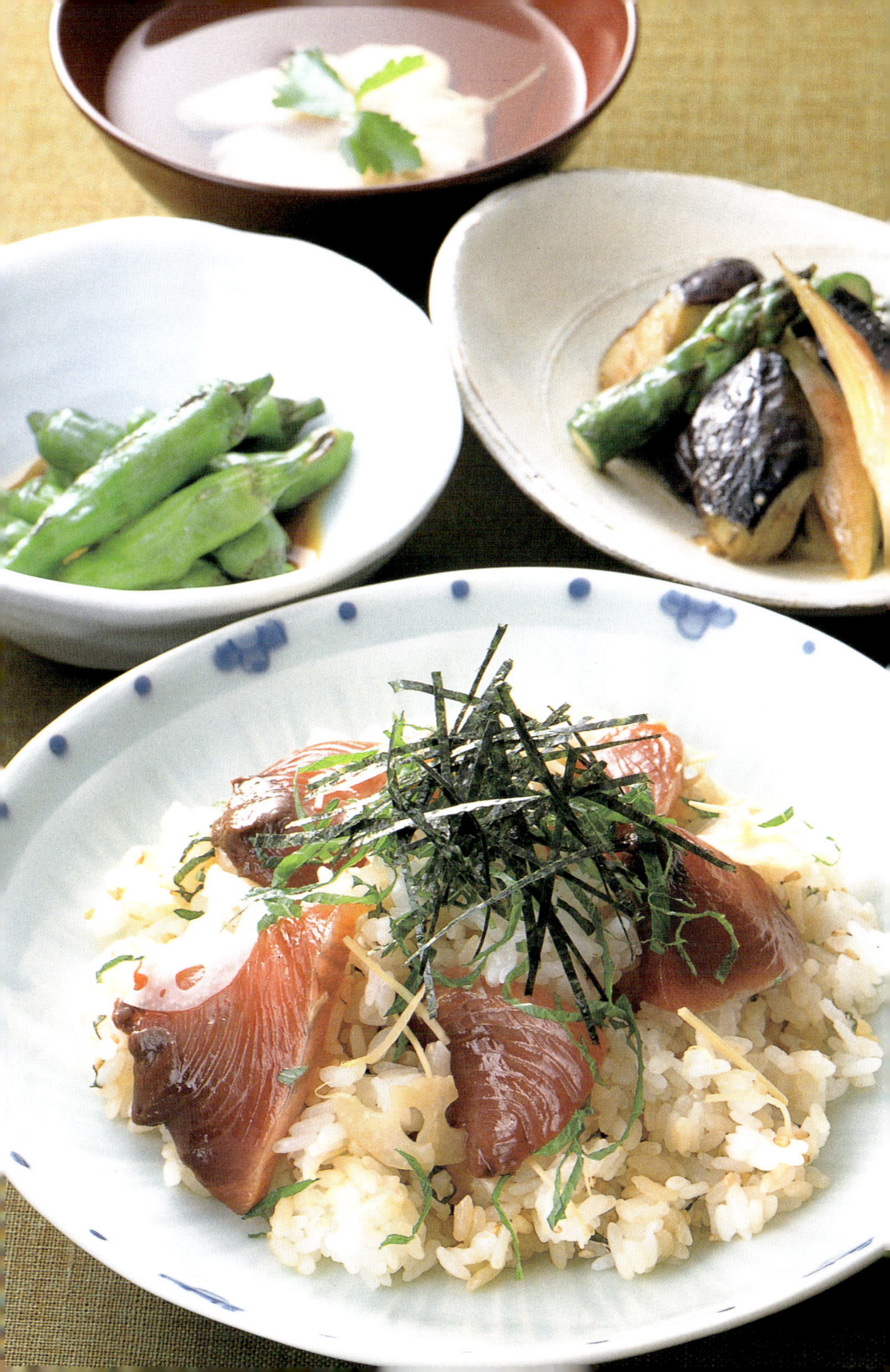

夏の食卓　淡泊な鮎から、うま味がじんわり

1人分630kcal/塩分3.7g

鮎ごはん（4人分）

328kcal/1g

- あゆ ……………… 2尾(200g)
- 塩 ………………… 小さじ2
- 米 ………… 米用カップ2(360cc)
- しょうが(せん切り) …… 1かけ(10g)
- A〔だし ………………… 400cc
　　酒・しょうゆ …… 各大さじ1〕
- 木の芽 ………………… 10枚

❶米は洗い、たっぷりの水に約30分つけます。❷魚は、うろこ、えら、内臓をとり、洗います。ざるにのせて塩をふります。❸米の水気をきって、炊飯器に入れます。魚をさっと洗って米の上にのせ、しょうがを散らし、Aを入れて炊きます。❹魚の頭と骨を除き、身をほぐしてごはんと混ぜます。

[鍋で炊く場合]①弱めの中火で約10分かけて沸とう→②弱火で3〜4分沸とうを続ける→③ごく弱火で約15分炊く→④最後に5秒ほど強火で水分をとばす→⑤約15分むらす

車麩（くるまぶ）とつくねの煮もの（2人分）

182kcal/1.5g

- とりひき肉 ………………… 100g
- A〈ねぎのみじん切り10g　しょうが汁小さじ½　卵½個　塩少々　水大さじ½　かたくり粉小さじ½〉
- 車麩 ………………… 小2個
- さやいんげん ………………… 80g
- B〈だしカップ1　酒・みりん・薄口しょうゆ各大さじ1　塩少々〉

❶ひき肉とAをよく混ぜます。❷車麩は水でもどしてしぼり、半分に切ります。いんげんはゆで、4cm長さに切ります。❸鍋にBを煮立て、①をスプーンですくって6個落とし入れます。弱火で10分ほど煮ます。つくねをとり出します。❹煮汁のアクをすくい、車麩を5分ほど煮ます。いんげんを加え、つくねをもどして火を止め、汁ごと少しさまします。

つるむらさきと豆腐の変わり奴（2人分）

85kcal/0.5g

- とうふ …… ½丁(150g)
- つるむらさき …… 100g
- トマト ……… ½個(100g)
- A〈フレンチドレッシング大さじ1　塩少々〉

❶つるむらさきはゆでて水にとり、水気をしぼって2〜3cm長さに切ります。❷トマトは皮をむき、種をとってあらみじんに切ります。Aと合わせます。❸とうふを半分に切って盛り、まわりにつるむらさきを盛って②をかけます。

そうめんのすまし汁（2人分）

35kcal/0.7g

- そうめん10g　うずら卵(かたゆで)2個
- オクラ1本　だしカップ1½　塩小さじ⅙
- しょうゆ小さじ½

❶そうめんはゆで、水洗いします。❷オクラは小口切りに、うずらは殻をむきます。そうめんと椀に盛ります。❸だしを温めて調味し、椀にそそぎます。

車麩は、棒に巻いて焼くため、形が車輪のよう。焼き麩は熱い汁に入れるとしまるので、水でもどしてから使う

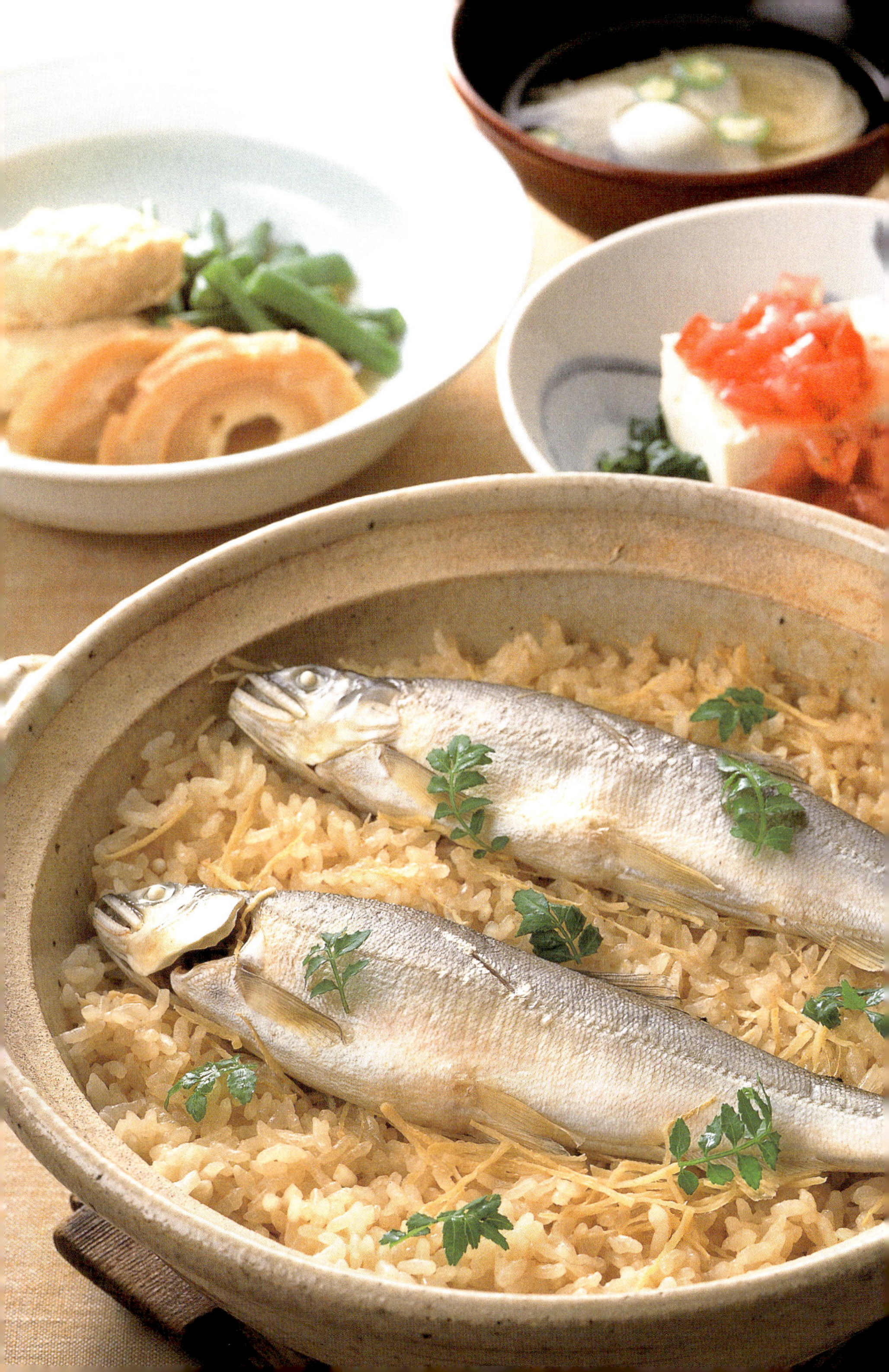

夏の食卓 上品なしゃぶしゃぶと、焼きなすの汁で

1人分531kcal/塩分3.6g

豚肉冷しゃぶ（2人分） 221kcal/1.2g

豚しゃぶしゃぶ用肉……120g
きゅうり……………………1/2本
にんじん……………5cm(40g)
セロリ………………………1/3本
ねぎ……………………… 10cm
サニーレタス………………2枚
糸とうがらし………………少々
[ごまだれ] 練りごま大さじ1 1/2　だし・しょうゆ各大さじ1　砂糖小さじ1　酢(あればりんごなどの果実酢)小さじ1

❶サニーレタスはちぎり、ねぎはせん切りに、残りの野菜は5cm長さの細切りにし、それぞれを水にさらして、パリッとさせます。
❷熱湯に、肉を広げて入れ、手早くゆでます。冷水にとって、水気をきります。
❸たれの材料を合わせます。
❹肉でねぎ以外の野菜を巻き、盛りつけます。たれをかけ、ねぎ、糸とうがらしをのせます。

トマトのしょうゆいため（2人分） 45kcal/0.7g

トマト………大1個(250g)
みょうが………………… 1個
サラダ油……… 大さじ1/2
A ┌ しょうゆ…大さじ1/2
　├ 酢……………小さじ1
　└ 塩・こしょう 各少々

❶トマトはくし形に切ります。みょうがは縦半分にし、3〜4mm厚さに切ります。Aは合わせます。
❷フライパンに油を熱し、トマトをさっといため、Aをかけ、みょうがを加えてひと混ぜします。

モロヘイヤととんぶりのあえもの（2人分） 19kcal/0.5g

モロヘイヤ…………………80g
とんぶり……………………20g
A〈だし・しょうゆ…各小さじ1〉

❶モロヘイヤは葉を摘み、やわらかめにゆでます。水気をしぼり、ねばりが出てくるまで包丁で細かくきざみます。
❷とんぶりを加え、Aであえます。

ごはん（2人分）300g 222kcal/0g

焼きなすのみそ汁（2人分） 24kcal/1.2g

なす…………………1個(70g)
みょうが(薄切り)…………1個
だし………………カップ1 1/2
赤みそ……………………大さじ1
練りがらし…………………少々

❶なすは丸ごと焼きます。やわらかくなったら、水にとって皮とへたをとります。4〜6つに裂き、長さを半分に切ります。
❷椀に、なすとみょうがを山高に盛ります。からしをのせます。
❸だしにみそをといて温め、そそぎます。

モロヘイヤはβ-カロチンが豊富。みずみずしく保つなど、美容、健康に欠かせません。β-カロチンは、肌を

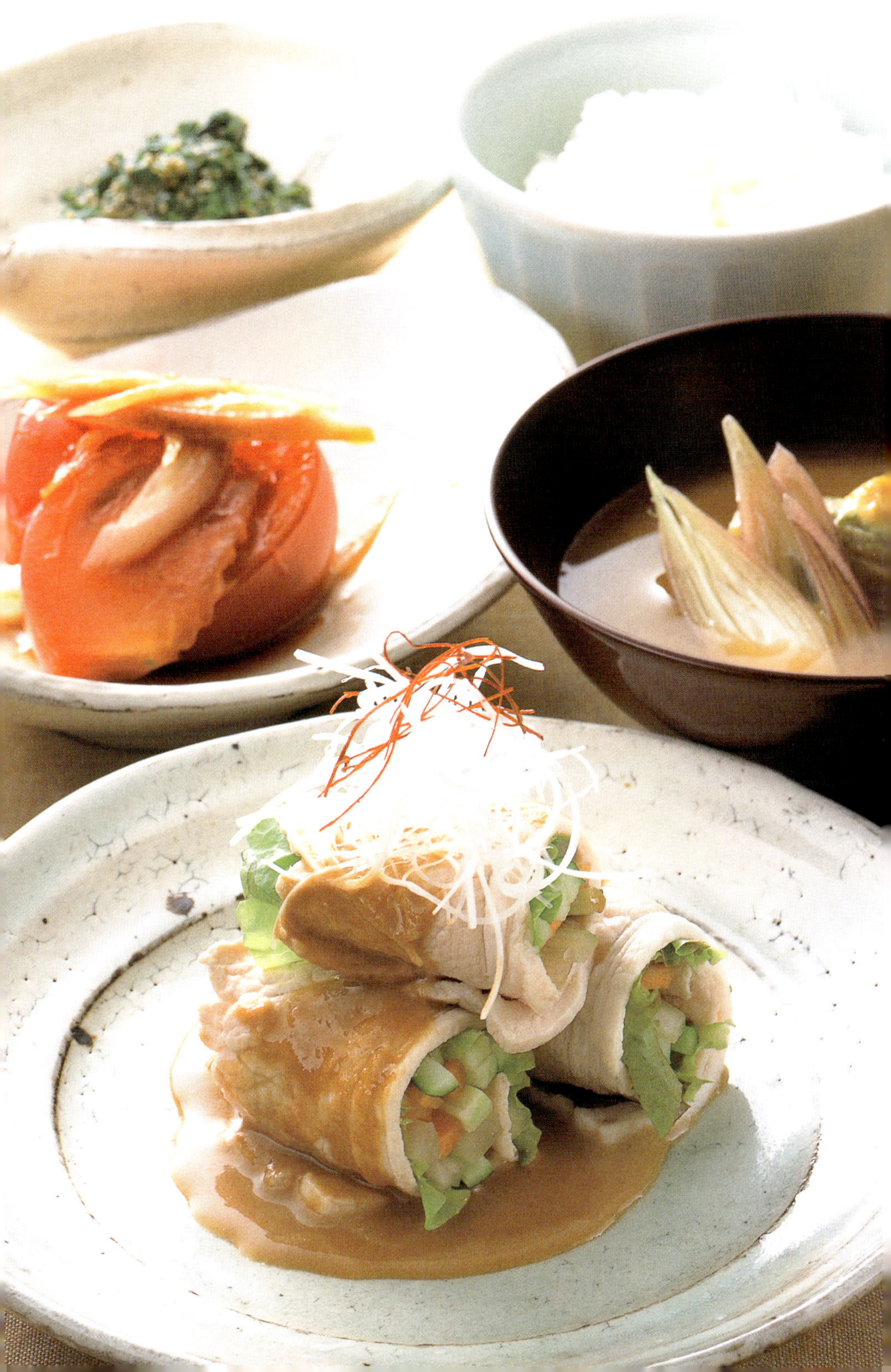

夏の食卓　上等な海老なら、それだけでごちそう

1人分679kcal/塩分3.3g

海老の変わり揚げ（2人分）

258kcal/0.6g

有頭えび……………4本(200g)
枝豆(冷凍またはゆでたさや) 40g
コーン(冷凍)……………15g
[変わり衣] 小麦粉大さじ1　卵白1/2個分　しんびき粉*（またはみじん粉)15g
すだち……………………1個
揚げ油……………………適量

*うるち米を蒸し、乾燥させたもの。揚げもの衣や和菓子に使われます。

❶えびは頭を離し、殻(尾は残す)、背わたをとります。尾は先を切り落として水気をしごき出し、腹側に切り目を入れて、まっすぐにします。塩少々(材料外)をふり、衣の材料を順につけます。
❷枝豆はさやから出し、コーンとともに、水気をふきます。
❸揚げ油を中温(170℃)に熱し、えびを揚げます。残りの衣に②を入れ、小さめにまとめて揚げます。すだちを添えます。

新さつまいもの栂尾煮（とがのお）（2人分）

147kcal/0.3g

さつまいも …………1本(200g)
　くちなしの実 ………1個
枝豆(冷凍またはゆでたさや)‥10g
A [砂糖 …………大さじ11/2
　　塩 ……………………少々]

❶くちなしを2つ割りにし、カップ1/2の水でゆで、色を出します。こします。
❷さつまいもは2cm厚さの輪切りにし、皮を厚めにむき、水にさらします。ゆでます。
❸表面に火が通ったら湯を捨て、続いて①の色水を加え、Aも加えます。いもの周囲が煮くずれるまで弱火で煮ます。枝豆を飾ります。

きゅうりとみょうがの酢のもの（2人分）

11kcal/0.5g

きゅうり ………………1/2本
みょうが ………………1個
わかめ(塩蔵) …………10g
A [だし・酢 ……各大さじ11/2
　　砂糖・しょうゆ…各小さじ1]

❶きゅうりは小口切りにし、塩少々(材料外)をふって、水気が出たらしぼります。
❷わかめはもどし、2cm長さに切ります。みょうがは縦薄切りにします。それぞれを熱湯に通し、水にとって水気をきります。
❸Aを合わせてかけます。

梅ごはん（2人分）

224kcal/0.8g

ごはん300g　梅干し1/2個(減塩・10g)
しその葉(せん切り)2枚

❶梅肉をあらくきざみます。食べる直前に梅肉、しそをごはんと混ぜます。

みそ汁（2人分）

39kcal/1.1g

庄内麩6切れ(水でもどす)　ねぎ10cm　だしカップ11/2　みそ大さじ1

栂尾煮はさつまいもの砂糖煮。京都の栂尾高山寺の精進料理等の由来があり、表面を煮くずして仕上げます。

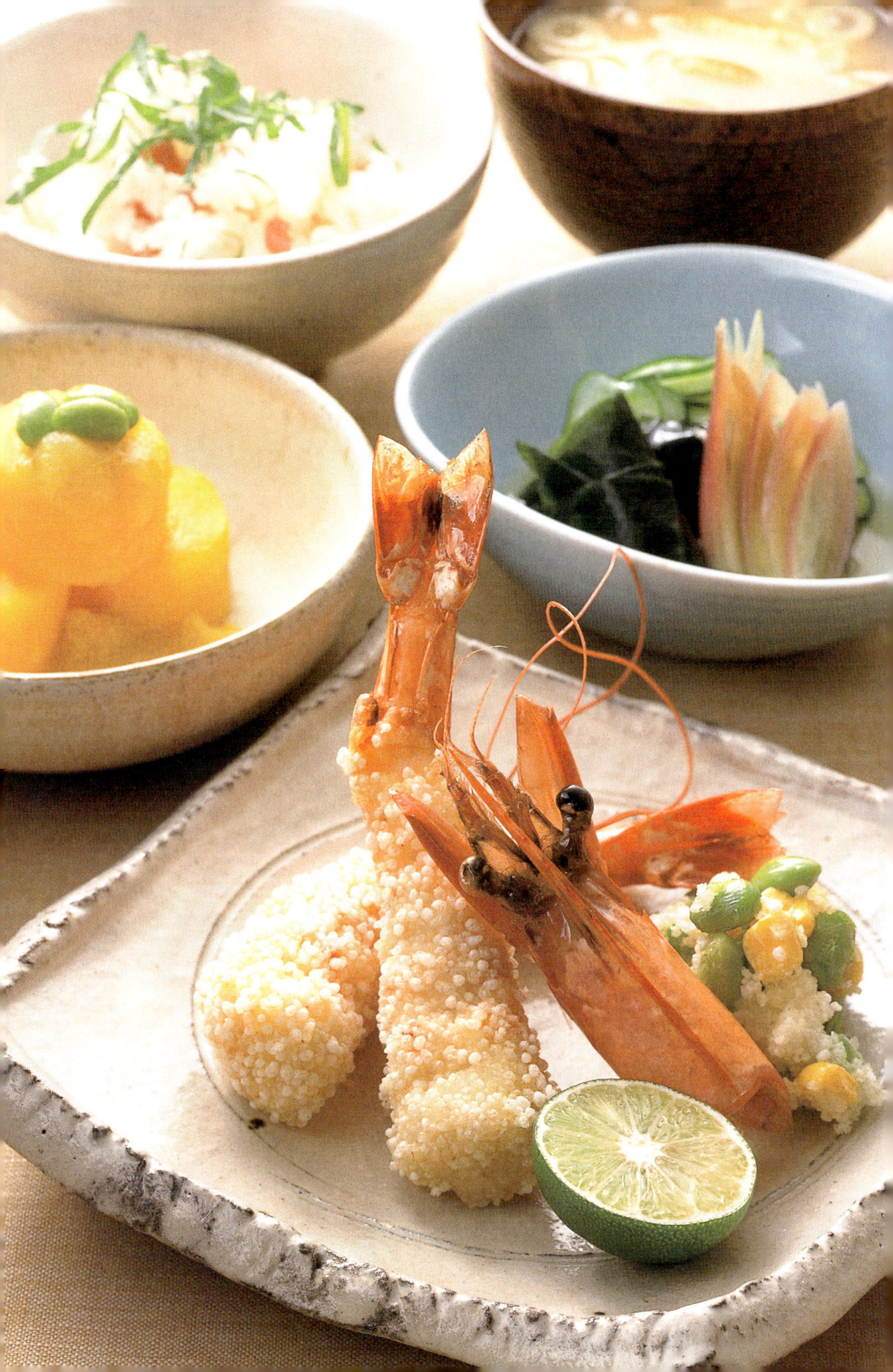

夏の食卓　夏はうなぎ。野菜入りのさっぱり味に

1人分642kcal/塩分3.2g

うなぎずし（2人分）
522kcal/1.9g

- うなぎのかば焼き（たれつき）100g
- きゅうり……………………1/2本
- A〈砂糖・酢……各小さじ1/2〉
- みょうが……………………1本
- しその葉……………………5枚
- 卵　…………………………1個
- B〈みりん大さじ1/2　塩少々〉
- サラダ油……………小さじ1
- ごはん（かために炊く）……350g
- [合わせ酢] 砂糖大さじ1/2　酢大さじ2 1/2　塩小さじ1/3

❶きゅうりは小口切りにし、塩少々(材料外)をふって、しんなりしたら水気をしぼります。Aに5分ほどつけ、しぼります。
❷みょうがは薄切りに、しそはせん切りにしてそれぞれ水にさらし、水気をきります。
❸卵にBを混ぜ、薄焼き卵を作ります。細切りにします。
❹うなぎはたれをかけ、ラップをして電子レンジで温めます。1cm幅に切ります。
❺温かいごはんに合わせ酢を混ぜ、①、②を混ぜて盛りつけます。③、④を飾ります。

海老とそら豆の吉野煮（2人分）
99kcal/0.6g

- えび……………3〜4尾(100g)
- A〈塩・酒……………各少々〉
- そら豆（さやから出したもの）120g
- しめじ……………1/2パック(50g)
- B〈だし……………カップ1/2／みりん・薄口しょうゆ……各小さじ1〉
- かたくり粉…………小さじ1/2
- 水……………………小さじ1

❶そら豆はかためにゆで、皮をむきます。
❷えびは、殻と背わたをとり、3〜4つのそぎ切りにしてAをふります。しめじは小房に分けます。
❸鍋にBを煮立て、えび、しめじをさっと煮ます。水どきかたくり粉を加えて、とろみをつけ、そら豆を加えます。

新しょうがいため（2人分）
17kcal/0.2g

- 新しょうが………50g
- サラダ油……小さじ1/2
- A〈酒……小さじ1 1/2／砂糖・しょうゆ……各小さじ1/2〉

❶しょうがは汚れた皮だけを除き、薄切りにします。
❷鍋に油を熱し、しょうがをいため、Aを加えていり煮にします。

冷やしじゅんさい汁（2人分）
4kcal/0.5g

- じゅんさい（水煮）……大さじ2
- オクラ………………………1本
- A〈だし……………カップ1 1/2／薄口しょうゆ……小さじ1／酒……………小さじ1/2〉

❶Aをひと煮立ちさせ、冷やします。
❷オクラを塩少々(材料外)でもみます。じゅんさいを熱湯に通し、冷水にとります。続いてオクラをゆで、小口切りにします。
❸器にAをそそぎ、②を入れます。

じゅんさいはすいれんの仲間。水面に出る前の若芽で、つるんとしたのどごしが夏の珍味として好まれます。

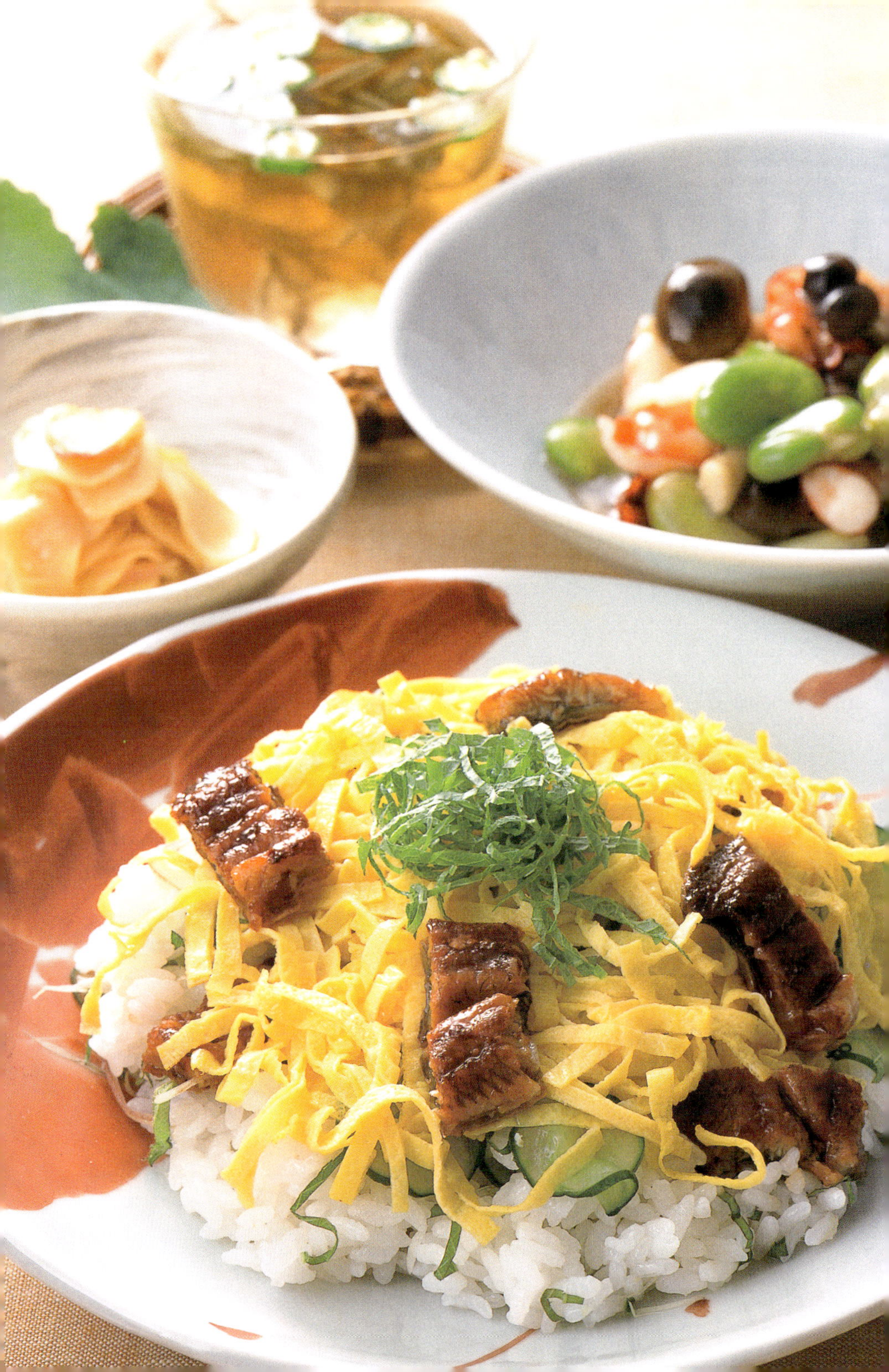

夏の食卓　刺身をレモンでいただく夏仕立て

1人分497kcal/塩分2.9g

あじのお造り（2人分）
105kcal/0.7g

- あじ(生食用)…小2尾(約220g)
- みょうが……………………2個
- きゅうり……………………½本
- レモン………………………½個
- 花穂じそ……………………少々
- ┌ しょうが(すりおろす)……1かけ(10g)
- └ しょうゆ…………………小さじ1

❶魚は三枚におろします。腹骨、小骨を除き、皮をむきます。ひと口大のそぎ切りにします。

❷みょうがはせん切り、きゅうりはかつらむきにしてせん切りにし、一緒に水にさらします。レモンは薄い半月切りにします。

❸せん切り野菜を盛り、魚とレモンを交互に盛りつけて、穂じそ、しょうが、しょうゆを添えます。

＊写真のあじは、①で皮をむいたあと、熱した金串で3〜4本焼き目をつけています。生ぐさみをおさえ、さらに上品な味わいに。

ずいきと油揚げの煮もの（2人分）
72kcal/1g

- 白ずいき……………2本(180g)
- 酢 ……………………………少々
- 油揚げ…………………………1枚
- さやいんげん ………………6本
- A ┌ だし………………カップ1
-   ├ みりん……………大さじ1
-   └ 薄口しょうゆ……大さじ1

❶ずいきは皮をむき、酢水(水カップ2＋酢大さじ1)につけます。

❷熱湯に酢を加え、ずいきを1〜2分ゆでます。水に10分ほどさらし、4cm長さに切ります。油揚げは熱湯をかけます。

❸鍋に、A、ずいき、油揚げを入れ、7〜8分煮ます。

❹いんげんをかためにゆでて半分に切り、③に加えてさっと火を通します。

おかひじきのごまあえ（2人分）
83kcal/0.5g

- おかひじき…………………80g
- A ┌ 練りごま…………大さじ1½
-   ├ 砂糖・しょうゆ…各小さじ1
-   └ だし………………小さじ2
- 粉さんしょう………………少々

❶おかひじきはゆでて、3cm長さに切ります。

❷Aを合わせ、食べる直前にあえます。粉さんしょうをふります。

ごはん（2人分）300g
222kcal/0g

すまし汁（2人分）
15kcal/0.7g

えのきだけ½袋(50g)　花麩4個　だしカップ1½　塩小さじ⅙　しょうゆ小さじ½

ずいきは八つ頭などの芽や茎で夏に出回ります。白や赤色があり、酢水で下ゆでします。乾燥品は「いもがら」。

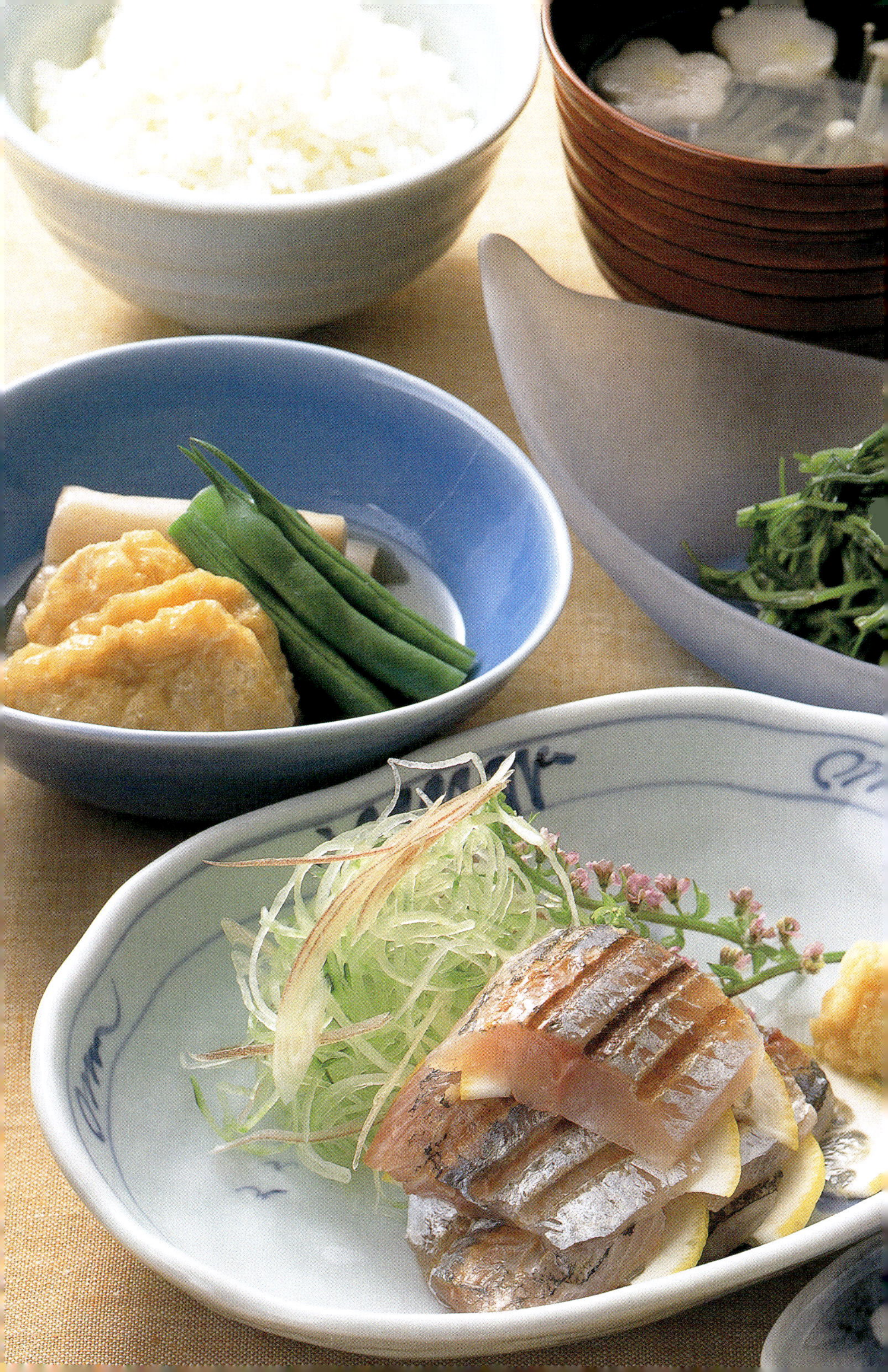

夏の食卓 しょうゆ味も香ばしく、夏魚の焼きものを

1人分585kcal/塩分3.7g

たちうおのつけ焼き（2人分）
145kcal/1.3g

- たちうお……… 2切れ（200g）
- A［しょうゆ……… 大さじ1½
　　みりん……… 大さじ1］
- 伏見とうがらし……… 2本

＊伏見とうがらしは京野菜の一種です。辛味が少ないので食べやすい。

❶魚は、背びれがついていればV字に切りこみを入れて除きます。両面に格子の切り目を入れます。Aに15分ほどつけます。
❷魚の両面を焼きます。ほぼ焼けてきたら、つけ汁を2～3回はけで塗っては乾かしながら、焼きあげます。
❸とうがらしは切り目を入れ、焼きます。

茶巾ごま豆腐（2人分）
125kcal/0.7g

- 練りごま………………20g
- くず粉（あれば吉野くず）……カップ¼（25g）
- 水………………………カップ1
- A〈みりん・しょうゆ……各小さじ½〉
- 枝豆（ゆでたもの）………10粒
- 練りわさび………………小さじ½
- B［だし……… 大さじ2
　　薄口しょうゆ…… 小さじ1］

❶鍋に、練りごま、くず粉を入れます。分量の水を少しずつ加え、混ぜて溶かします。Aも加えます。
❷①を火にかけます。木べらで鍋底から混ぜながら加熱し、とろみが出てきたら弱火にして約5分練ります。あら熱をとります。
❸湯のみ2個にラップを広げ、内側を水で少しぬらして、②を流します。口をしぼり、糸（または輪ゴム）でとめます。
❹10分ゆでて、冷水にとり、冷やします。ラップをはずして盛りつけ、枝豆、わさびをのせます。Bをかけます。

ひじきのあえもの（2人分）
41kcal/0.6g

- 芽ひじき（乾燥）……………8g
- A［練りわさび・しょうゆ
　　　……… 各小さじ⅓］
- グリーンアスパラガス……3本
- セロリ 30g　ミニトマト 5個
- B［酢………………小さじ2
　　しょうゆ・サラダ油…各小さじ1］

❶ひじきは洗い、水につけてもどします。熱湯で1分ほどゆで、水気をきって、Aで下味をつけます。
❷アスパラはかたい皮をむいてゆで、斜め切りに、セロリはたんざく切り、トマトは半分に切ります。野菜と①をBであえます。

ごはん（2人分） 300g
222kcal/0g

みそ汁（2人分）
52kcal/1.1g

じゃがいも½個（70g）　たまねぎ¼個（50g）　だしカップ1½　みそ大さじ1

たちうおは、脂がのった夏がおいしい。型できっちり作るより短時間に作れるレシピは、茶巾のごま豆腐です。

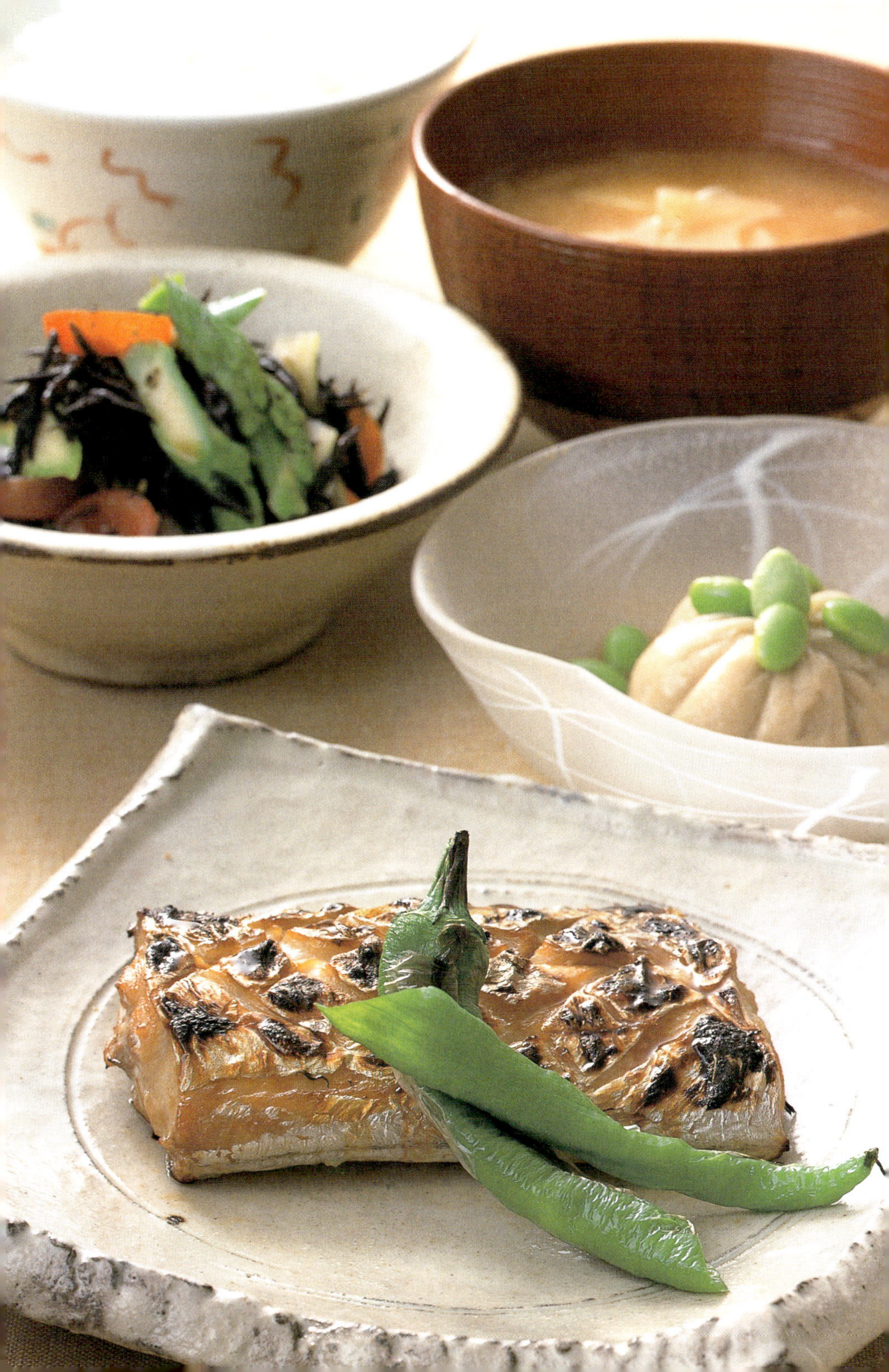

夏の食卓 かんたんで、少し贅沢。暑さしのぎに

1人分510kcal/塩分3.1g

牛肉のたたき（2人分）
203kcal/1.8g

- 牛もも肉（細めのかたまり）……200g
- 塩・こしょう……各小さじ1/6
- サラダ油………………大さじ1/2
- A
  - 酒・しょうゆ…各大さじ1
  - だし………………大さじ2
  - しょうが汁………小さじ1
- たまねぎ……………1/4個（50g）
- クレソン………………………1/2束
- にんにく（すりおろす）……1片

❶たまねぎは薄切りに、クレソンは枝先を摘み、それぞれ水に放して水気をきります。
❷牛肉は塩、こしょうをふってもみこみます。Aは合わせます。
❸フライパンに油を熱し、肉を強めの中火で焼きます。10秒くらいずつ4面を焼きます。弱火にし、Aをかけてふたをし、2～3分蒸し焼きにします。トレーにとり、時々焼き汁をかけながら、さまします。
❹肉を3～4mm厚さに切り、①と盛りつけ、にんにく、焼き汁を添えます。

オクラと糸寒天のあえもの（2人分）
24kcal/0.6g

- オクラ…………………………100g
- 塩……………………………少々
- 糸寒天（乾燥）………………3g
- A
  - だし………………カップ1/2
  - 薄口しょうゆ…小さじ1 1/2
  - みりん……………小さじ1
- B
  - かたくり粉………小さじ1/4
  - 水…………………小さじ1/2

❶糸寒天は水につけてもどします。
❷オクラはがくをけずります。塩でもみ、ゆでます。斜め半分に切ります。
❸Aを煮立て、Bでとろみをつけます。
❹全部を冷やし、あえて盛ります。

にんじんのはちみつ漬け（2人分）
36kcal/0g

- にんじん……………1/2本（100g）
- レモン（半月切り）…………1/4個
- はちみつ………………大さじ1/2

❶にんじんは、約4cm長さの4～6つ割りにします。かぶるくらいの水で、やわらかくゆで、水分をとばします。
❷熱いうちに、はちみつ、レモンと混ぜます。さまして味をなじませます。

ごはん（写真は玄米ごはん）（2人分） 300g
222kcal/0g

にら卵のおすまし（2人分）
25kcal/0.7g

- にら25g　卵1/2個　だしカップ1 1/2
- 塩小さじ1/6　しょうゆ小さじ1/2

❶にらは3cm長さに切ります。だしを温めて調味し、にらを入れます。ひと煮立ちしたら、卵をといて流し入れます。

糸寒天は水でもどし、サラダやあえものに。ところてんより上品な味で、のどごしと歯ごたえが涼やかです。

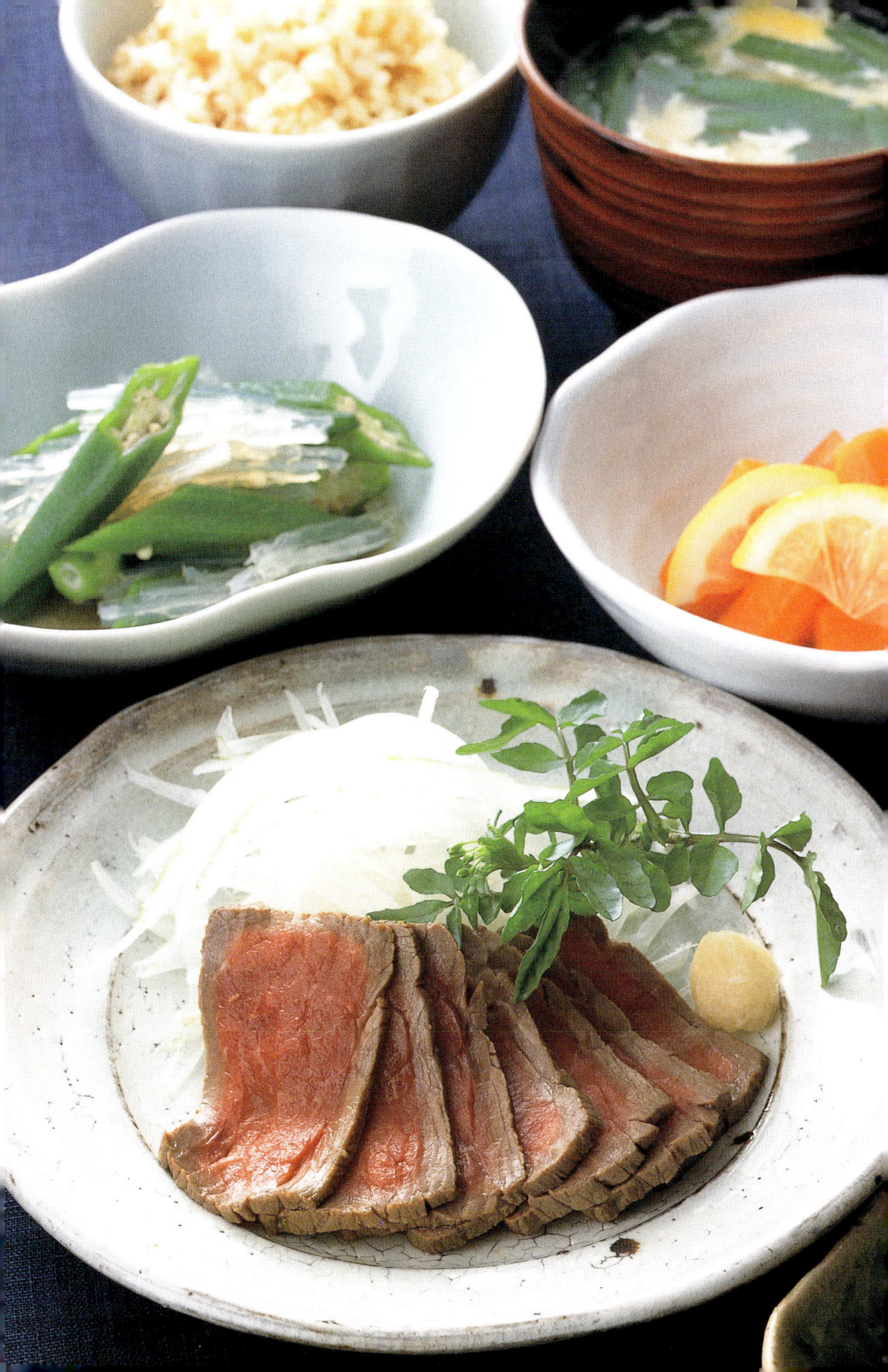

夏の食卓　冷酒も合いそうな献立で

1人分628kcal/塩分3.3g

う巻き卵（2人分）
306kcal/1.2g

うなぎのかば焼き…1/2尾（70g）
かば焼きのたれ………大さじ1/2
卵……………………………3個
A ┌ だし……………大さじ1 1/2
　 │ みりん…………大さじ1 1/2
　 └ 薄口しょうゆ…小さじ1/2
サラダ油………………大さじ1/2

❶うなぎは、たれをかけてラップをし、電子レンジで約30秒加熱します。縦半分に切ります。
❷卵を割りほぐし、Aを混ぜて、こします。
❸卵焼き器に油を熱し、卵液を1/3量くらい流し、うなぎを芯にして巻きます。2〜3回に分けて卵液を加えながら、卵焼きを作ります。

小なすといんげんの素揚げ（2人分）
42kcal/0.7g

小なす………………4個（100g）
モロッコいんげん…………80g
┌ しょうが……小1かけ（5g）
└ しょうゆ…………小さじ2
揚げ油………………………適量

❶小なすは、がくを除き、縦に細かく切りこみを入れます。いんげんは筋をとり、4cm長さに切ります。
❷しょうがをすりおろします。
❸揚げ油を中温（約170℃）に熱し、なす、いんげんを素揚げします。しょうがじょうゆでいただきます。

しそトマト（2人分）
17kcal/0.2g

トマト………………1個（200g）
しその葉……………………3枚
A ┌ 薄口しょうゆ…小さじ1/2
　 │ 酢………………小さじ1/2
　 └ だし……………大さじ1

❶トマトは乱切りにし、冷やします。しその葉はせん切りにし、水にさらします。
❷①を盛り、Aを合わせてかけます。

ごはん（2人分）　300g
222kcal/0g

みそ汁（2人分）
41kcal/1.2g

もやし60g　コーン（冷凍）40g　だし カップ1 1/2　みそ 大さじ1

かわいらしい小なすは、漬けものによく使われ、山形のからし漬けは有名。茶せんにすると形がきれいです。

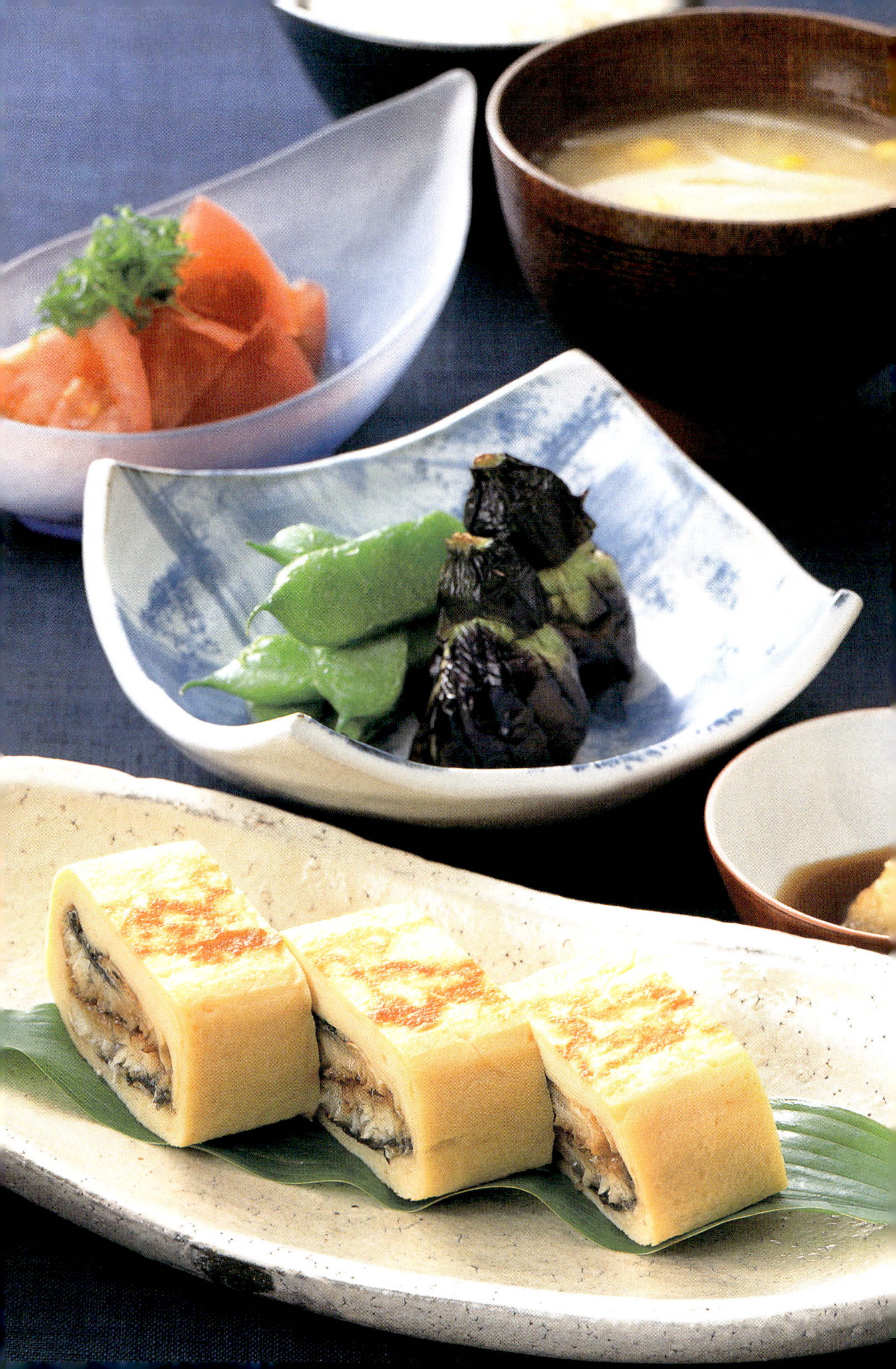

夏の食卓　食欲がないときも、おすしなら

1人分510kcal/塩分4g

あじの押しずし（2人分）
421kcal/2.4g

あじ（生食用）………2尾（360g）
　塩………………………小さじ1
　酢………………………大さじ2
しょうが……………1かけ（10g）
［合わせ酢］砂糖大さじ½　酢大さじ1⅔　塩小さじ¼
ごはん（かために炊いたもの）350g*
しその葉……………………5枚
しょうがの酢漬け**………20g
（好みで）しょうゆ***………少々
*米用カップ1（180cc）ほどを炊いた分量です。
**細切りにしたしょうがを、甘酢（酢カップ½に、塩・砂糖各小さじ1の割合）に漬けたもの。
***つけじょうゆはお好みで。しょうゆ小さじ1で塩分は約1g増えます。

❶魚は三枚におろし、腹骨、小骨をとります。ざるにのせ、両面に塩小さじ1をふって15〜20分おきます。
❷酢水（各カップ¼・材料外）で、①を洗います。酢大さじ2につけて15分おき、皮をむきます。
❸しょうがをみじん切りにします。温かいごはんに、合わせ酢、しょうがを混ぜ、さまします。
❹押しずしの木枠をぬらし、ラップを敷きます。すしめし半量を詰め、しその葉を並べて残りのすしめしを詰めます。魚を、皮側を上にして全面に並べます。ラップをかぶせ、ふたで押します。
❺木枠をはずして、すしを切り分けます。ラップをはずし、盛りつけます。しょうがの酢漬けを添えます。

豆腐のおぼろ昆布蒸し（2人分）
61kcal/0.7g

とうふ……………½丁（150g）
おぼろこんぶ………………3g
にんじん……………………20g
ブロッコリー………………50g
めんつゆ（市販・薄めたもの）
　………………………カップ½

❶にんじんはせん切りにし、ブロッコリーは小房に分けます。
❷とうふを半分に切り、おぼろこんぶで巻いて1人分の器に入れます。①も盛ります。
❸ラップをし、電子レンジで1人分約1分30秒加熱します。
❹めんつゆを温め、③にはります。

なすの田舎煮（2人分）
25kcal/0.5g

なす…………………3本（200g）
A［だし………………カップ1
　　しょうゆ・みりん……各大さじ½］
しょうが……………小1かけ（5g）

❶なすは縦半分に切り、斜めに細かく切り目を入れます。水にさらします。
❷Aでやわらかく煮ます。煮汁ごと冷やします。しょうがをすりおろして添えます。

ぬか漬け（2人分）　30g
3kcal/0.4g

夏バテしそうな時期は、酸味や香味野菜を使って。酸味は食欲を増し、疲れの素になる乳酸を分解してくれます。酸味

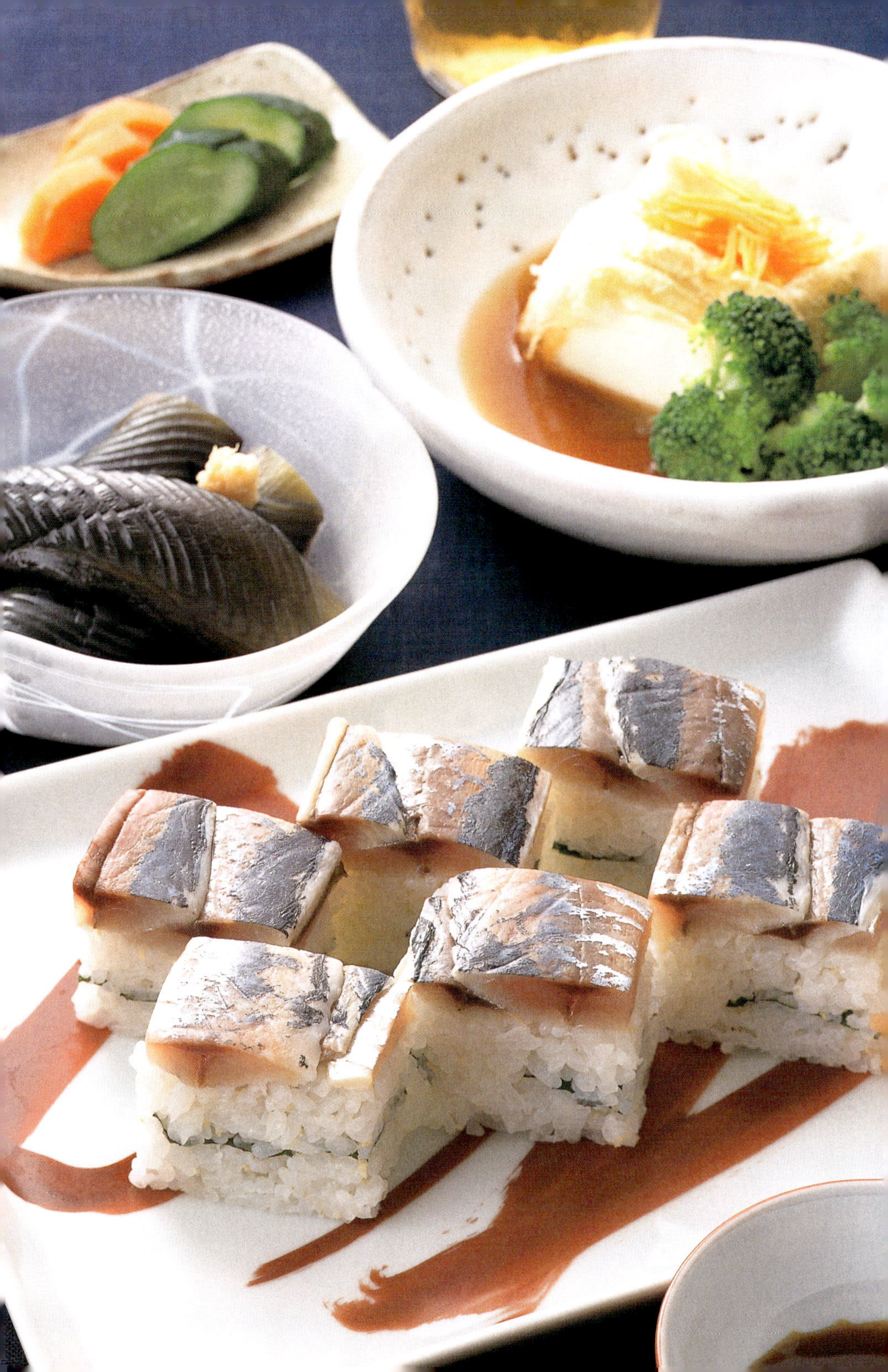

夏の食卓　はもは祇園祭りのころが旬。梅肉だれが上品

1人分555kcal/塩分4g

はものくず打ち（2人分）
152kcal/1.1g

- はも（骨切りしたもの）…120g
  - かたくり粉………………大さじ1
- しその葉……………………2枚
- きゅうり……………………1/2本
- A〈水カップ1/2　塩小さじ1/2〉
- わかめ（塩蔵）………………5g
- 梅干し（減塩）………1個（15g）
- B ┌ だし……………………大さじ1
  ├ 薄口しょうゆ……小さじ1/2
  └ 酒………………………小さじ1

＊はもは小骨が多く、細かい切り目を入れて（骨切り）調理します。切ってあるものが売られています。

❶きゅうりは、蛇腹に切って（細かく切り目を入れて）、ひと口大に切り、Aにつけます。わかめはもどし、熱湯に通して、ひと口大に切ります。
❷梅干しは果肉を細かくきざみ、Bを混ぜて、たれにします。
❸魚は水気をふき、ひと口大に切ります。はけで、かたくり粉を切り目の中まで、まんべんなくつけます。熱湯でゆでて、氷水にとり、水気をきります。
❹食べる直前に、氷とともに、しそ、①、③を盛り、梅肉だれを添えます。

冬瓜と海老のくず煮（2人分）
64kcal/0.6g

- とうがん……………………250g
- A ┌ だし……………………カップ1
  ├ 砂糖・酒………各大さじ1/2
  └ 薄口しょうゆ………小さじ1
- えび………………4尾（110g）
- みつば………………………2本
- B〈かたくり粉小さじ1/4　水小さじ1　しょうが汁少々〉

夏にとれて、冬までもつので冬瓜。ほとんどが水分なので、あんかけなどにして味をしっかりつけます。

❶とうがんは種とわたをとり、4cm角に切ります。皮を薄くむき、やわらかくゆでます。鍋にAと入れ、弱火で約10分煮ます。
❷えびは殻と背わたをとります。①の煮汁を50cc別鍋にとり、えびをさっと煮ます。
❸とうがん、えびを器に盛ります。
❹①の煮汁を煮立て、Bを混ぜて加え、とろみをつけます。③にかけ、みつばを飾ります。

ししとうとおかかのいり煮（2人分）
22kcal/0.2g

ししとうがらし60g　A〈しょうゆ小さじ1/2　水小さじ1　けずりかつお1g〉サラダ油小さじ1/2

❶ししとうは、柄を切りそろえます。
❷鍋に油を熱し、ししとうをいため、Aを加えていりつけます。

そうめん（2人分）
317kcal/2.1g

そうめん160g　つゆ〈みりん大さじ1　しょうゆ大さじ1 3/4　水カップ1　けずりかつお6g〉　しょうが小1かけ（5g）　万能ねぎ1本

❶つゆを煮立てて、こします。冷やします。
❷そうめんはゆでて洗います。
❸しょうがはおろし、ねぎは小口切りにして添えます。

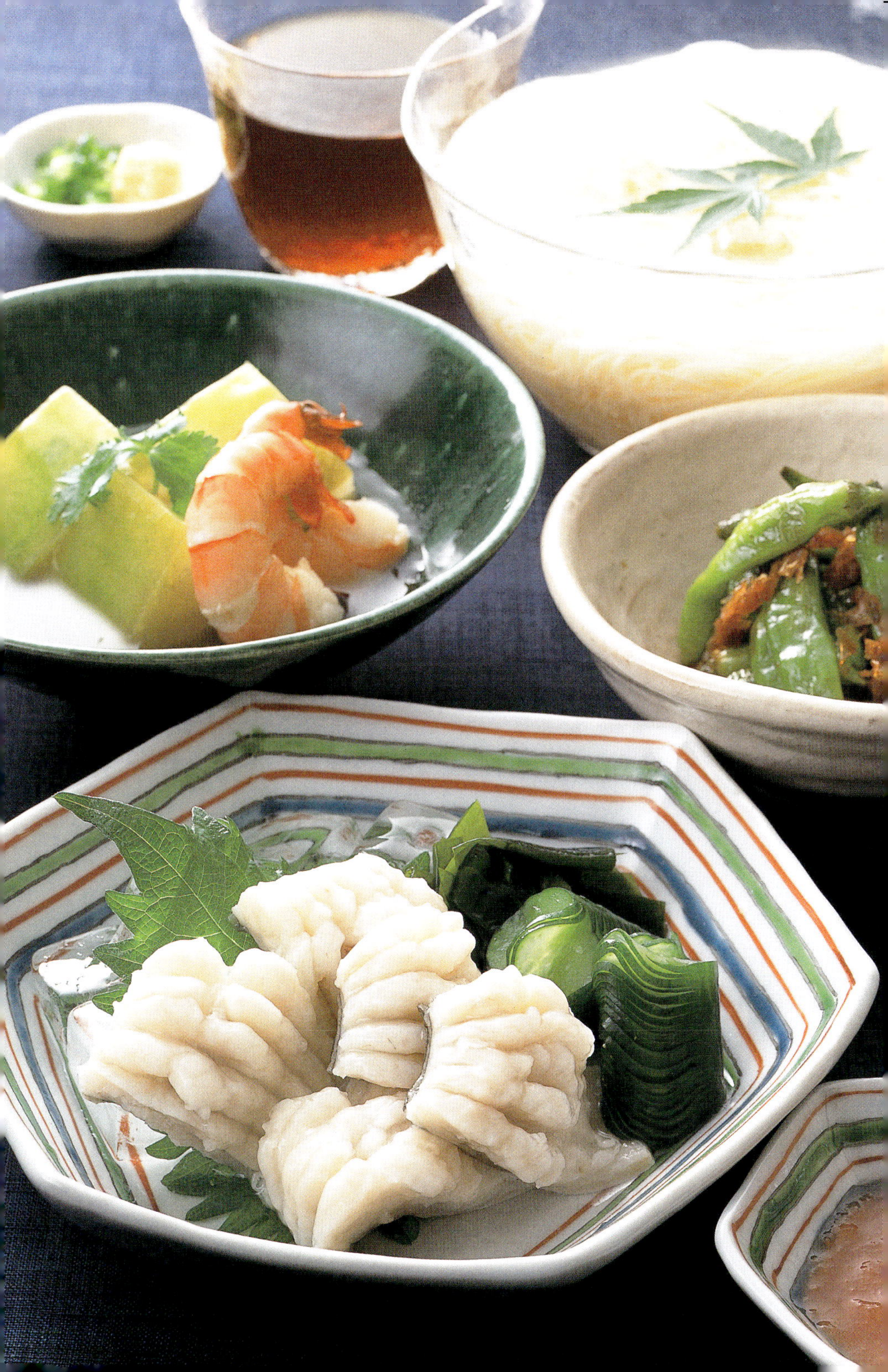

夏の食卓 ひなびた味わいの呉汁はヘルシー

1人分599kcal/塩分3.8g

豚肉の黄金揚げ（2人分）

238kcal/1.2g

豚ヒレ肉（かたまり）	150g
A しょうゆ	大さじ1
酒	大さじ1/2
しょうが汁	大さじ1/2
かたくり粉	大さじ2
いりごま（白）	大さじ2
揚げ油	適量
オクラ	3本
レモン	1/4個

❶豚肉は1cm厚さに切り、Aにつけて10分ほどおきます。
❷オクラはがくをけずり、塩少々（材料外）でもんで、ゆでます。
❸①にかたくり粉をふって全体にもみこみます。ごまを広げ、肉の片面にまぶしつけます。
❹揚げ油を中温（約170℃）に熱し、肉を揚げます。オクラとレモンを添えます。

じゃがいもの梅あえ（2人分）

54kcal/0.5g

じゃがいも	1個（150g）
梅干し（減塩）	1個（15g）

❶じゃがいもはせん切りにし、水にさらします。熱湯で手早く、シャキシャキ感が残る程度にゆでます。
❷梅干しは果肉を細かくきざみます。じゃがいもをあえます。

もずくの三杯酢（2人分）

9kcal/1g

もずく	60g
しょうが	小1かけ（5g）
A〈だし大さじ1　酢・しょうゆ各小さじ1　砂糖少々〉	

❶もずくは洗い、水気をきります。
❷しょうがはせん切りにし、水にさらして水気をきります。Aは合わせます。
❸全部を冷やし、盛りつけます。

ごはん（2人分）　300g

222kcal/0g

枝豆の呉汁（2人分）

76kcal/1.1g

枝豆（冷凍またはゆでたもの）	150g
だいこん	100g
にんじん	20g
万能ねぎ	1本
だし	カップ2
みそ	大さじ1

❶枝豆はさやから出し、すり鉢かクッキングカッターで、粒が少し残るくらいにつぶします。
❷だいこん、にんじんはいちょう切りにし、だしで煮ます。やわらかくなったら①を加えてひと煮立ちさせ、アクをとってみそを加えます。ねぎを小口切りにして散らします。

すりつぶした大豆〝呉〟を入れたみそ汁は、食物繊維が豊富。枝豆で作ると青呉汁とも呼び、冷やしても美味。

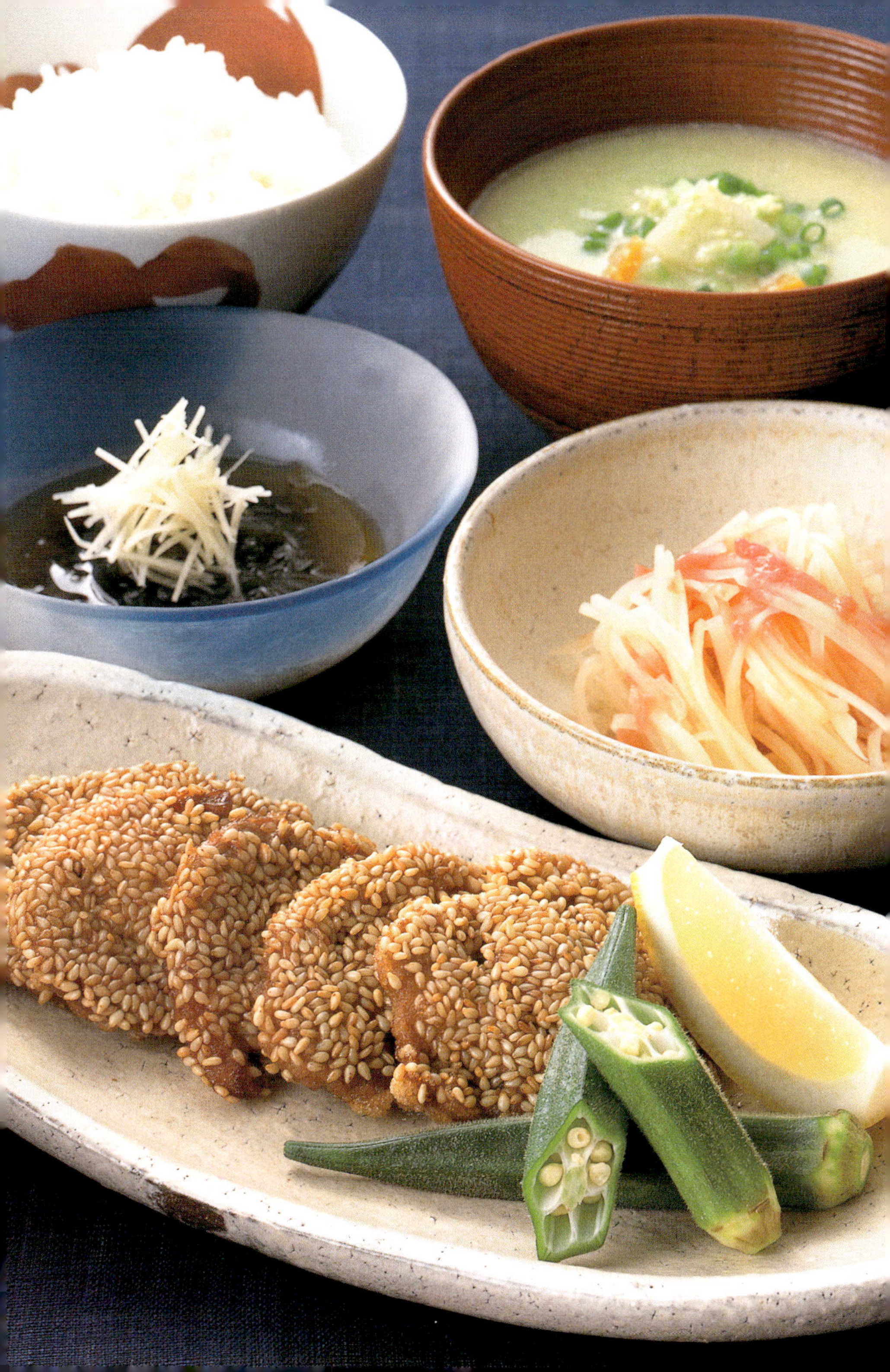

夏の食卓　さっぱり、冷たく、のどごしがいい夏の美味

鮭ずしには、塩気のある鮭がおいしいものです。副菜や冷たいフルーツを添えて、塩分を調整できます。淡泊な

1人分578kcal/塩分3.9g

鮭ちらし（4人分）

327kcal/2g

米‥‥‥‥‥米用カップ2（360cc）
　〈こんぶ5cm　酒大さじ1〉
[合わせ酢] 酢カップ1/4　砂糖大さじ1　塩 小さじ1/2
紅ざけ（中辛）‥‥‥1切れ（100g）
きゅうり‥‥‥‥‥‥‥‥‥‥‥1本
しその葉‥‥‥‥‥‥‥‥‥‥‥5枚
いりごま（白）‥‥‥‥‥‥大さじ1

❶米は洗い、こんぶと一緒に同量の水（360cc）に30分以上つけます。酒を加えて炊きます。
❷きゅうりは小口切りにし、塩少々（材料外）をふって、しんなりしたらしぼります。
❸さけは焼き、身をほぐします。しそは細切りにし、水にさらして水気をきります。
❹ごはんに合わせ酢を混ぜ、さまします。さけ、②、ごまを混ぜ、しそをのせます。

冷やし茶碗蒸し（2人分）

91kcal/1.2g

卵‥‥‥‥‥‥‥‥‥‥‥‥‥‥1個
A〈だしカップ3/4　塩小さじ1/4　酒小さじ1　薄口しょうゆ小さじ1/6〉
とりささみ‥‥‥‥‥‥‥‥‥‥1本
えび‥‥‥‥‥‥‥‥‥‥2尾（60g）
えのきだけ‥‥‥‥‥‥‥1/2袋（50g）
枝豆（ゆでたもの）‥‥‥‥‥‥6粒
B ┌ だし‥‥‥‥‥‥カップ1/4
　├ 塩・薄口しょうゆ…各少々
　└ かたくり粉‥‥‥‥小さじ1/4

❶Aを温め、さまします。
❷えのきは半分に切ります。ささみはひと口大のそぎ切りにし、えびは殻と背わたをとって、酒小さじ1（材料外）をふります。
❸卵をほぐし、Aを混ぜてこします。器に②を入れて、卵液をそそぎます。
❹蒸気の立った蒸し器に入れ、中火で約2分蒸し、卵液が白っぽくなったら、弱火にして約8分蒸します。さめたら冷やします。
❺Bを鍋に入れ、混ぜながらとろみをつけて、冷やします。④にかけ、枝豆を飾ります。

れんこんのきんぴら（2人分）

95kcal/0.7g

れんこん‥‥‥‥‥‥‥‥‥‥200g
赤とうがらし（小口切り）‥‥1/3本
ごま油‥‥‥‥‥‥‥‥‥大さじ1/2
A ┌ だし‥‥‥‥‥‥‥大さじ2
　└ しょうゆ・みりん…各大さじ1/2

❶れんこんは皮をむき、4cm長さの棒状に切って、水にさらし水気をきります。
❷鍋に油を熱し、れんこん、とうがらしをいためます。Aを加え、煮汁がなくなるまでいり煮にします。

いちじくの甘煮（作りおき・6個分）

1個分65kcal/0g

いちじく6個　A〈水カップ1+1/2　白ワインカップ1/2　砂糖大さじ5　レモンの輪切り2枚〉

❶いちじくは皮をむきます。
❷鍋に①とAを入れ、紙ぶたとふたをして、弱火で30分煮ます。汁ごと冷やします。

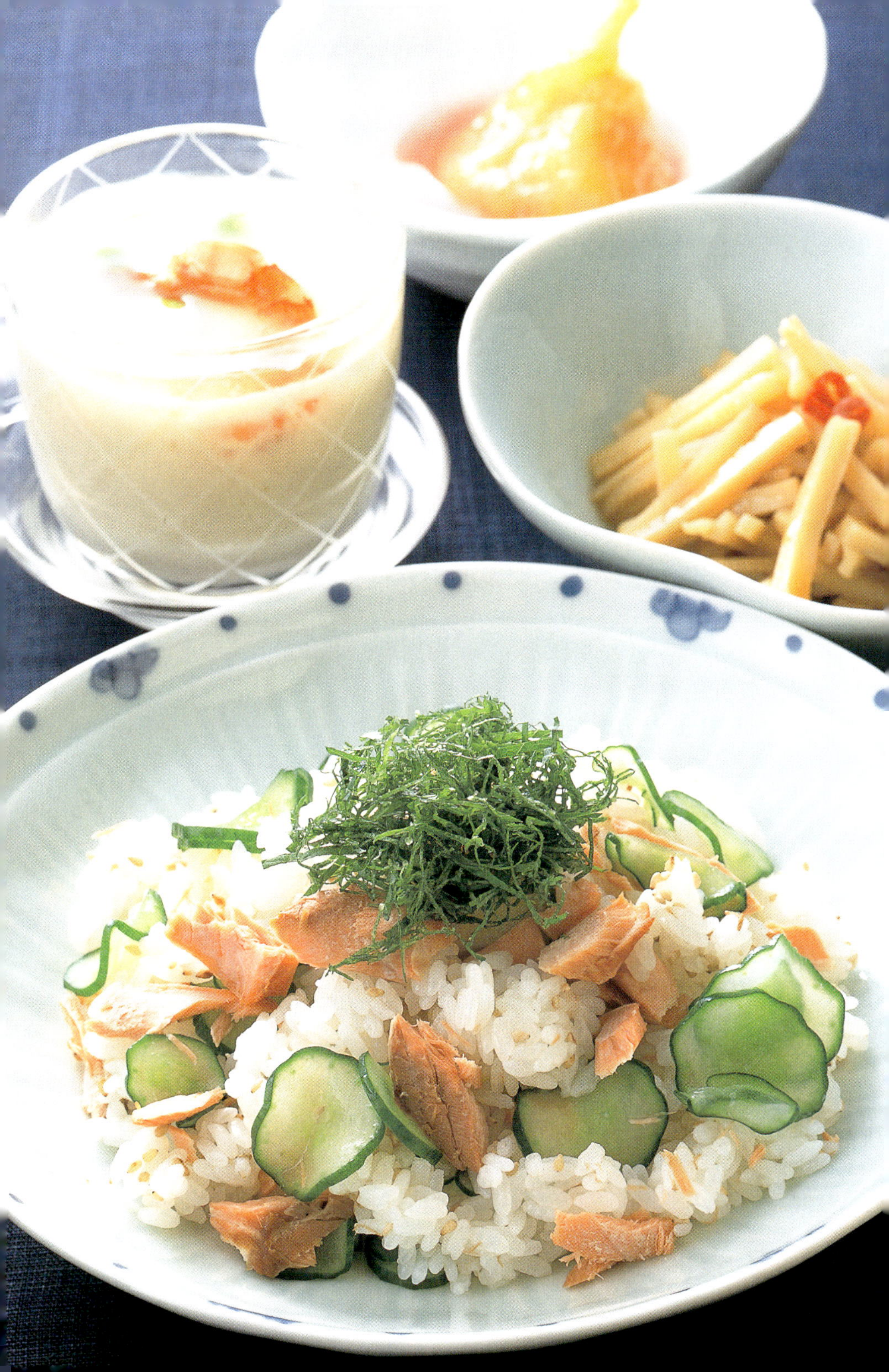

秋の食卓　いわしはやわらかく炊き、秋なすは焼いて

1人分602kcal/塩分4g

いわしの甘酢煮（2人分）

288kcal/2g

いわし	中4尾（400g）
A { 酒・水	各カップ1/2
砂糖	大さじ1 1/2
酢	大さじ2
しょうゆ	大さじ1
だいこん	200g
万能ねぎ	2本

❶魚は、うろこを軽くこそげとり、頭と内臓を除いて洗います。
❷鍋にAを煮立て、魚を並べます。煮汁を2〜3回かけてから、落としぶたを軽くのせ、中火で10分ほど煮ます。途中も2〜3回煮汁をかけます。
❸だいこんはすりおろし、ねぎは小口切りにします。魚の上に盛りつけます。

いんげんのごまあえ（2人分）

40kcal/0.3g

さやいんげん	80g
にんじん	30g
A { すりごま（白）	大さじ2
だし	大さじ1/2
しょうゆ	小さじ3/4
砂糖	少々

❶いんげんはゆでて、3〜4cm長さに切ります。にんじんも同じ大きさに切り、同じ湯でゆでます。
❷Aを合わせて、①をあえます。

焼きなす（2人分）

13kcal/0.2g

なす	2個（140g）
しょうが（すりおろす）	小1かけ（5g）
A { だし	大さじ1
しょうゆ	小さじ1/2

❶なすのへたのまわりに切り目を一周入れ、がくを落とします。
❷強火で全面を焼き、押してみてやわらかくなったら、水にとり、皮とへたを除きます。実を食べやすく裂きます。
❸しょうがをのせ、Aを合わせてかけます。

むかごごはん（5人分）

222kcal/0.3g

米	米用カップ2（360cc）
水	400cc
むかご	カップ1/3（50g）
A { 酒	大さじ1
しょうゆ	大さじ1/2

❶米は洗い、分量の水につけて30分以上おきます。
❷むかごは洗います。
❸①に、Aを加え、むかごを皮つきのままのせて、炊きます。
＊米の1〜2割はもち米にしても。

むかごは、やまのいものつるの、つると葉のつけ根にできる小粒の玉。塩ゆで、素揚げ、汁の実などに。

みそ汁（2人分）

39kcal/1.2g

とうふ 1/4丁（70g）　わかめ（塩蔵）10g　ねぎ5g　だしカップ1 1/2　みそ大さじ1

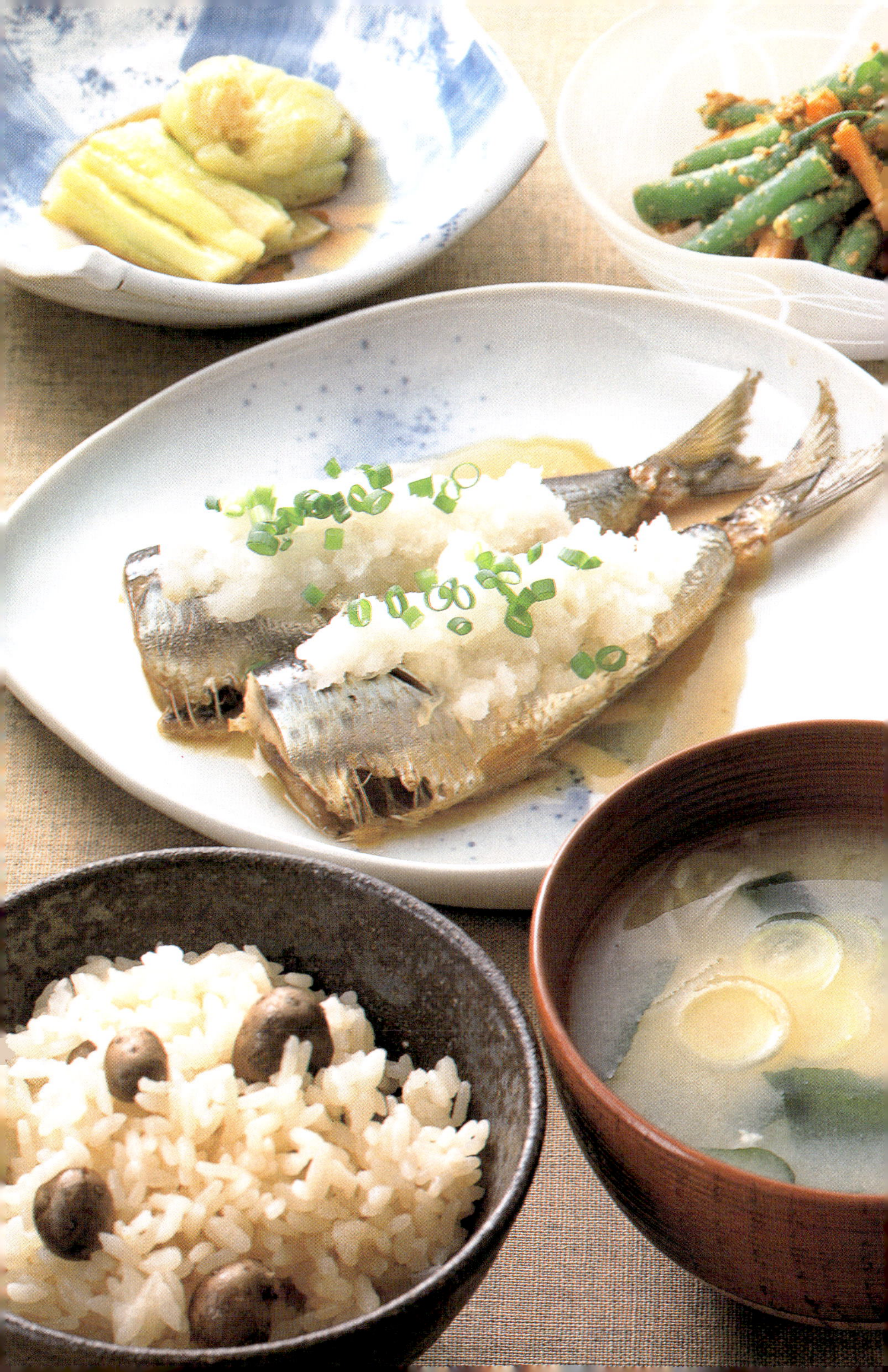

秋の食卓

南瓜のかわいらしい形とほっこりした食感が新味

1人分611kcal/塩分3.6g

小南瓜のいんろう煮（2人分）
246kcal/1.2g

ミニかぼちゃ…2個（約500g）
とりひき肉……………………100g
A［砂糖・酒……各小さじ1
　　しょうゆ・しょうが汁…各小さじ½］
卵 ………………………………½個
パン粉 …………………………大さじ2
B［だし…………………カップ2
　　砂糖・酒……各大さじ1
　　薄口しょうゆ… 小さじ2］
C［かたくり粉……… 小さじ1
　　水 ………………… 大さじ1］
しょうが(せん切り) 1かけ(10g)

❶かぼちゃは、上部1～2cmのところを切って、種とわたをくり抜きます。
❷かぼちゃの上部をもどし、ラップなしで電子レンジに入れ、2個で約8分加熱します（蒸し器なら約20分蒸します）。
❸鍋に、ひき肉半量とAを合わせ、混ぜながら火を通します。少しさまします。
❹③に、残りのひき肉、卵、パン粉を混ぜます。かぼちゃに詰めます。
❺鍋にBを温め、かぼちゃを並べ入れます。ふたをして弱火で、煮汁が半量になるまで煮ます。Cでとろみをつけます。
❻盛りつけ、しょうがをのせます。

海老とぶどうの ゼリー寄せ（2人分）
42kcal/0.3g

えび ……………… 小2尾（40g）
ぶどう ………… 4～6粒（30g）
オクラ …………………………1本
長いも …………………………30g
A〈だしカップ1　アガー小さじ1
　みりん小さじ1　薄口しょうゆ
　小さじ½〉
＊アガーは海藻が原料の凝固剤で、常温で固まります。寒天より舌ざわりがなめらかです。粉寒天なら小さじ¾(1.5g)で代用。

❶えびは背わたをとります。さっとゆでて、殻をとり、1cm幅に切ります。
❷ぶどうは皮をむき、種があれば竹串でとります。オクラは色よくゆでて小口切りに、長いもは5mm角に切ります。
❸Aのだしに、アガーを加えて沸とうさせ、煮溶かします。調味料を加えます。
❹器に具を入れ、③を流し入れます。さまして固め、冷蔵庫で冷やします。スプーンですくっていただきます。

白瓜ぬか漬け（市販）（2人分）　60g
5kcal/0.7g

いり卵混ぜごはん（2人分）
267kcal/0.3g

ごはん300g　卵1個　砂糖小さじ¼　しその実の塩漬け小さじ2

❶卵に砂糖を混ぜ、いり卵を作ります。しその実と一緒に温かいごはんに混ぜます。

みそ汁（2人分）
51kcal/1.1g

かぶ中1個（100g）　かぶの葉1～2本　油揚げ½枚　だしカップ1½　みそ大さじ1

いんろう＝印籠とは、印鑑や薬を入れ腰に下げた小箱。中身をくり抜いて詰めものをした料理の名に使います。

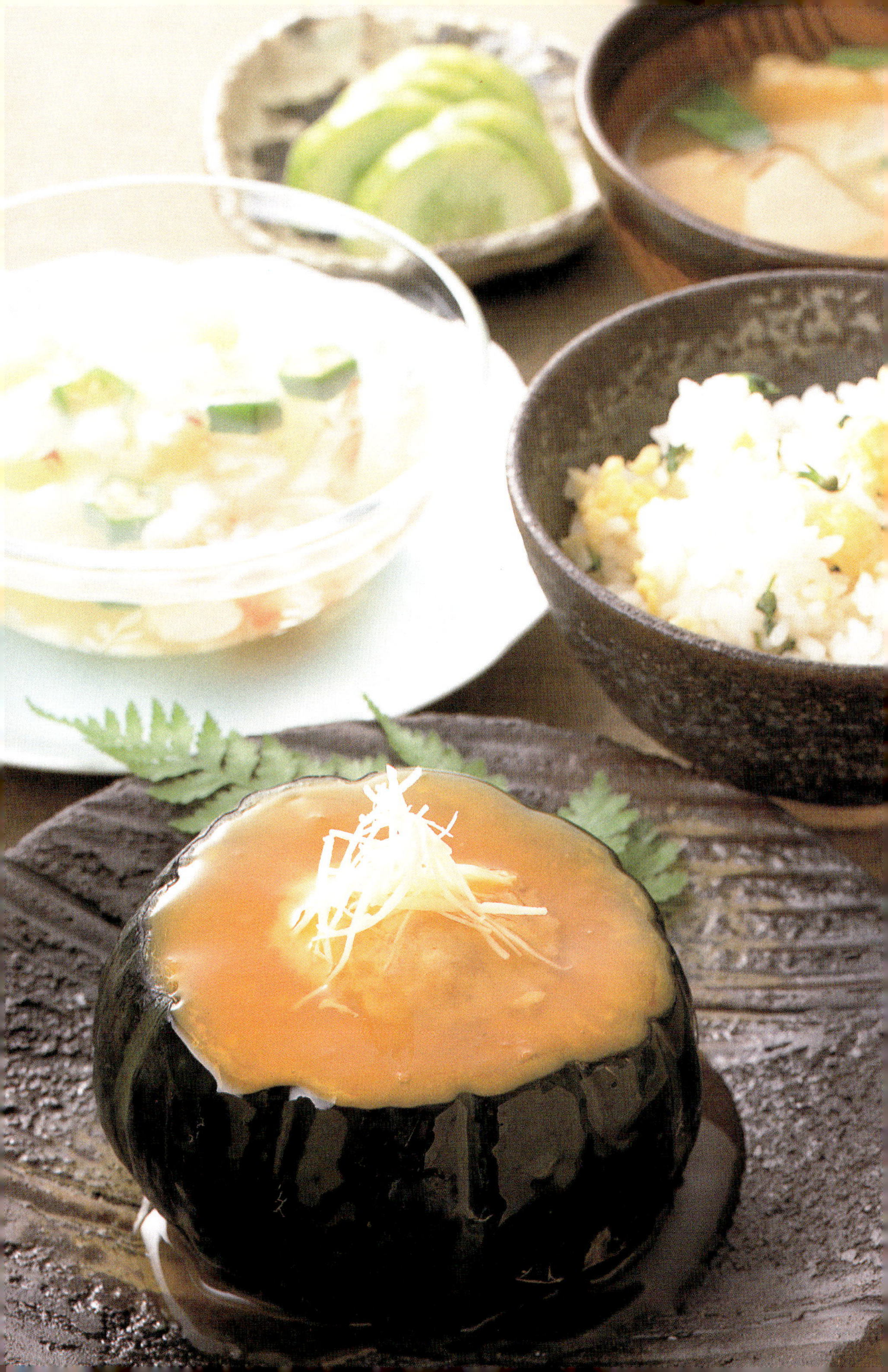

秋の食卓

生でも揚げてもおいしい生湯葉を副菜に

兵庫県の有馬が産地だったことから、山椒の佃煮や塩漬けを使った料理には"有馬"の名前がつきます。

1人分533kcal/塩分3g

牛肉の有馬煮（2人分）
101kcal/1.1g

- 牛もも肉（薄切り）………120g
- さんしょうの実の佃煮…10g
- ねぎ …………………………¼本
- A
  - 砂糖 …………… 大さじ1
  - 酒 ……………… 大さじ1
  - しょうゆ……… 大さじ½

❶ねぎは4cm長さの細切りにし、肉は2cm幅に切ります。

❷鍋にAを煮立て、肉とさんしょうの実を加え、強めの中火で煮ます。肉の色が変わったらねぎを加え、煮汁が少なくなるまで煮ます。

湯葉揚げの柚子おろし（2人分）
114kcal/0.2g

- 巻き湯葉（生）………… 60g
- ごぼう…………………… 40g
- A
  - だいこん ………100g
  - 青ゆず ……………¼個
  - 酢 ……………… 小さじ1
  - 薄口しょうゆ…小さじ½
- 揚げ油 ……………………… 適量

❶湯葉は2～3cm長さに切ります。ごぼうは、薄いたんざく切りにし、水にさらして水気をきります。

❷だいこんはすりおろし、軽く水気をきります。ゆずは皮を細かく切り、汁もしぼってAを合わせます。

❸揚げ油を中温（約170℃）に熱し、湯葉、ごぼうをうっすら色づく程度に揚げます。Aを添えます。

海藻サラダ ごまマヨネーズ（2人分）
74kcal/0.6g

- 海藻サラダ（乾燥）………… 5g
- ブロッコリー …………… 80g
- A〈すりごま（白）大さじ1　マヨネーズ大さじ1　酢大さじ½　砂糖・しょうゆ各小さじ1〉

❶ブロッコリーは小房に分け、ゆでます。

❷海藻はもどし、食べやすい大きさに切ります。

❸Aを合わせてかけます。

ごはん（2人分）300g
222kcal/0g

みそ汁（2人分）
22kcal/1.1g

- しいたけ………………… 2個
- レタス…………………… 30g
- 万能ねぎ………………… 1本
- だし …………… カップ1½
- みそ ……………… 大さじ1

❶しいたけは、焼いて薄切りにします。レタスはざく切り、ねぎは小口切りにします。椀に入れます。

❷だしを温め、みそをとき入れます。椀にそそぎます。

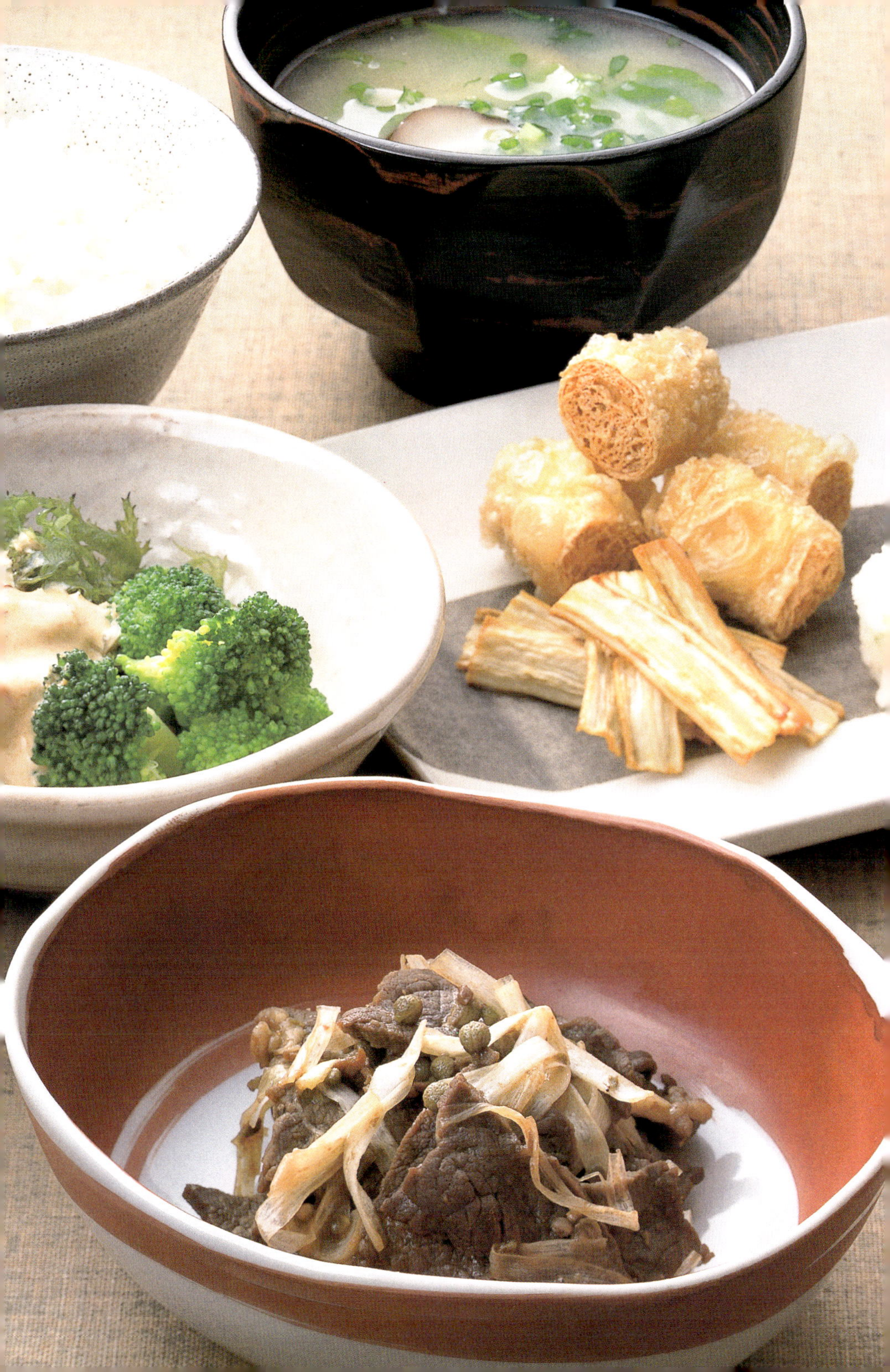

秋の食卓 菊が透けて見える、目にも上品な主菜で

1人分509kcal/塩分3.1g

ひらめの刺身 菊花重ね（2人分）
50kcal/1.5g

- ひらめ（さしみ用さく）…80g
- 塩 ……………………… 小さじ1/6
- こんぶ ……………………… 30cm
- 黄菊 ……………… 2個（20g）
- 酢 …………… 小さじ1
- [添え]
  - きゅうり……1本
  - しその葉……2枚
  - 穂じそ………2本
- しょうゆ 小さじ2

❶魚は薄いそぎ切りにし、塩をふります。
❷こんぶを、酢少々（材料外）でしめらせたふきんでふきます。こんぶの上に魚を並べ、端から巻いて、ラップで包み、30分ほど冷蔵庫に置きます。
❸菊は花びらを摘み、酢を加えた熱湯でさっとゆで、水にとって軽くしぼります。
❹きゅうりは4等分にし、かつらむきにしてせん切りにし、水にさらします。
❺④としそを盛り、魚と菊を交互に、山形に盛ります。穂じそ、しょうゆを添えます。

さつまいもの かき揚げ（2人分）
201kcal/0.4g

- さつまいも …………………… 70g
- さやいんげん ………………… 2本
- えび ………………… 2尾（60g）
- [天ぷら衣]
  - 水大さじ2 1/2　とき卵大さじ1
  - 塩少々　小麦粉大さじ3
- 揚げ油 ……………………… 適量

❶さつまいもは皮をむいて1cm角に、いんげんは1cm長さに切ります。
❷えびは殻と背わたをとり、1cm幅に切ります。
❸衣の材料を合わせ、①、②をざっと混ぜます。揚げ油を中温（約170℃）に熱して、からりと揚げます。
＊衣に塩気があるので、そのままどうぞ。

ほうれんそうの磯香あえ（2人分）
15kcal/0.5g

- ほうれんそう ……………… 100g
- 焼きのり ……………………… 1/2枚
- A [だし ……………… 大さじ1/2
     しょうゆ ………… 小さじ1]

❶ほうれんそうはゆで、水にとって水気をしぼります。3cm長さに切ります。
❷のりは細かくちぎり、ほうれんそうとともにAであえます。

ごはん（2人分）300g
222kcal/0g

落とし卵のすまし汁（2人分）
21kcal/0.7g

- うずら卵2個　たまねぎ30g
- さやえんどう4枚　だしカップ1 1/2
- 塩小さじ1/6　しょうゆ小さじ1/2

❶たまねぎは薄切り、さやえんどうは斜め細切りにします。
❷だしで①を少し煮て、調味します。うずら卵を割り入れ、半熟で火を止めます。

山形に盛ることを、すっきりした形の杉の木にたとえて杉盛りといいます。あえものや刺身の基本的な盛り形。

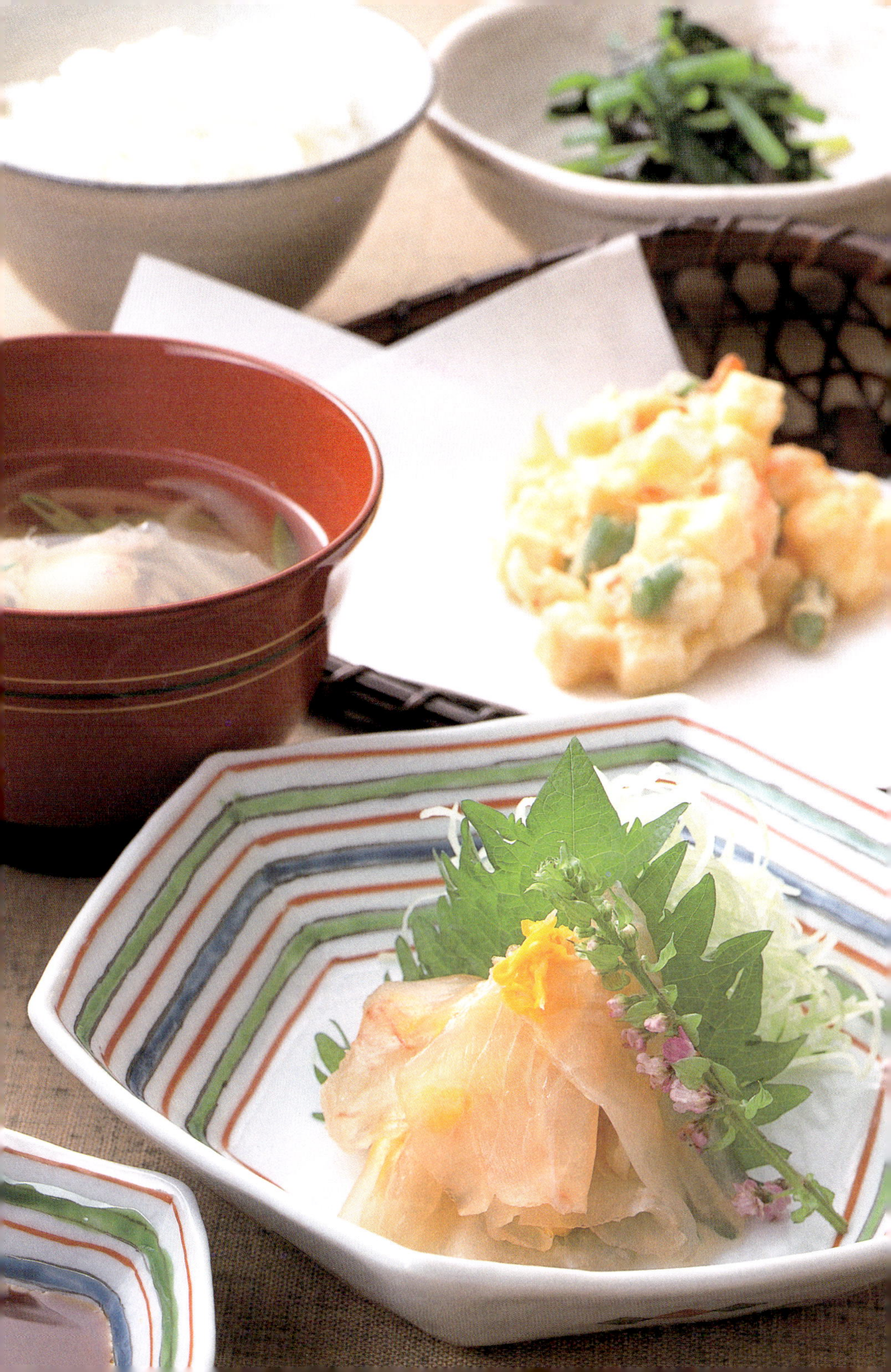

秋の食卓　秋さばを、もみじおろしでいただく

1人分659kcal/塩分3.5g

さばの竜田揚げ（2人分）　282kcal/1.2g

さば（三枚におろしたもの） …………… 1/2尾（160g）
A ┌ 酒・しょうゆ 各大さじ1
　└ しょうが汁 …… 小さじ1/2
かたくり粉 ………… 大さじ1
揚げ油 …………… 適量
［もみじおろし］だいこんおろし50g
　一味とうがらし ……… 少々
［添え］にんじん30g　さつまいも20g

❶魚は、ひと口大のそぎ切りにします。Aにつけて、10分ほどおきます。
❷にんじん、さつまいもは3mm厚さに切り、抜き型で抜きます。
❸魚の汁気をふき、かたくり粉を薄くまぶします。
❹揚げ油を中温（約170℃）に熱し、野菜を素揚げします。続いて、魚を色よく揚げます。

きのこの卵とじ（2人分）　105kcal/0.8g

きのこ（しいたけ・えのきだけ・しめじなど）‥合計100g
みつば ………………… 20g
卵 …………………… 2個
A ┌ だし ………… カップ1/2
　└ 砂糖・酒・しょうゆ
　　　 ………… 各大さじ1/2

❶しいたけは薄切り、えのきだけは長さを半分に、しめじは小分けします。
❷みつばは3cm長さに切ります。
❸鍋にAを煮立て、きのこを1分ほど煮ます。卵をほぐして回しかけ、みつばを散らし、半熟で火を止めます。

なすのひねり漬け（2人分）　10kcal/0.4g

なす ……………… 1個（70g）
塩 ………………… 小さじ1/6
A ┌ 酒 ……………… 小さじ1
　│ しょうゆ ……… 小さじ1/2
　└ 七味とうがらし …… 少々

❶なすは縦半分にして薄切りにします。塩でもみ、しんなりしたら水気をしぼります。
❷ボールにAを合わせ、なすを入れてもみ、味をなじませます。

ごはん（2人分）300g　222kcal/0g

みそ汁（2人分）　40kcal/1.1g

さといも中1個（70g）　にんじん30g　かいわれだいこん10g
だしカップ1・1/2　みそ大さじ1

"竜田"は、しょうゆなどを使ってもみじのように赤く仕上げる料理をいい、もみじの名所・竜田川にちなんだ

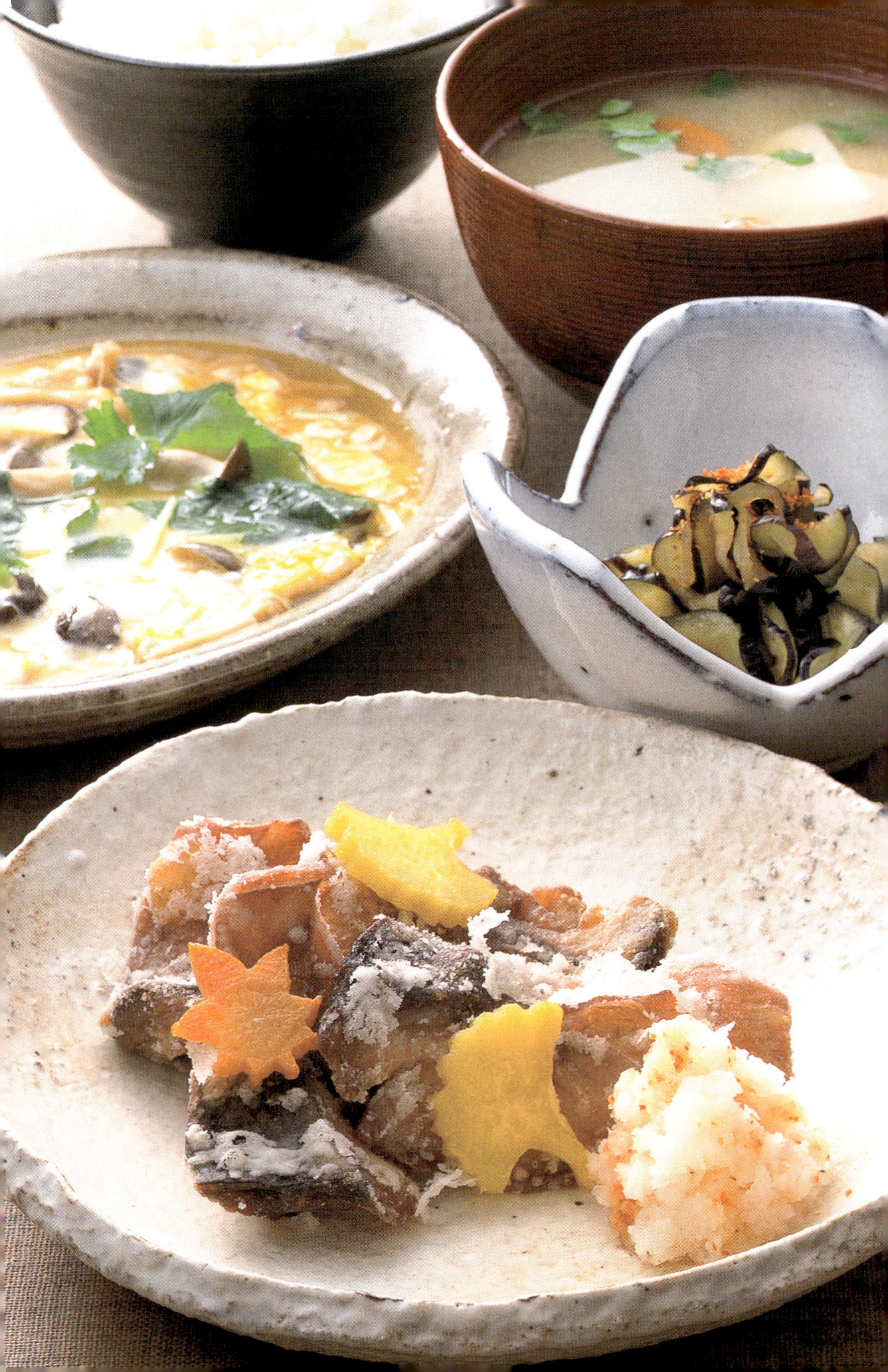

秋の食卓

秋は秋刀魚。ずんぐりして太ったものが美味です。丸なすは京都の加茂なすに代表され、米なすより丸いな肉質がしまっていて、よく田楽に仕立てます。

1人分673kcal/塩分3.3g

秋刀魚の塩焼き（2人分）
243kcal/1.2g

- さんま……………2尾（300g）
- 塩 ……………… 小さじ1
- だいこん………………100g
- しょうゆ……………小さじ½

❶魚は、頭を落として半分に切ります。ざるにのせて両面に塩をふり、5分ほどおきます。
❷魚の水気をふいて焼きます。
❸だいこんをすりおろして添え、しょうゆをかけます。

丸なすの田楽（2人分）
160kcal/1.2g

- 丸なす（または米なす）
   ………………1個（150g）
- ごま油 ………… 大さじ1½
- けしの実 ……………小さじ⅙
- ［田楽みそ］
  - 赤みそ……大さじ1
  - 砂糖………大さじ1
  - みりん……大さじ1

❶なすは5cm厚さの輪切りにします。
❷なす全体に、ごま油をはけで塗り、グリルで約10分、両面を焼きます。
❸田楽みその材料を練り混ぜます。
❹なすの上に田楽みそをのせ、少し焼いて、表面に焼き色をつけます。けしの実をふります。

つるむらさきの酢のもの（2人分）
10kcal/0.2g

- つるむらさき……………100g
- A ┌ だし………………大さじ½
    │ 酢…………………大さじ½
    │ しょうゆ…………小さじ½
    └ 砂糖………………少々
- いりごま（白）………小さじ½

❶つるむらさきは、ゆでて水にとり、水気をしぼって3cm長さに切ります。
❷食べる直前にAであえます。
❸ごまを指先でひねって、ふります。

菊花ごはん（2人分）
237kcal/0g

- ごはん ………………… 300g
- 黄菊 …………4個（40g）
- A ┌ 酢……………………大さじ1
    └ みりん………………大さじ½

❶菊の花びらを摘み、熱湯（湯カップ2＋酢大さじ1）でさっとゆで、水にとって水気をしぼります。Aに5分ほどつけ、軽くしぼります。
❷食べる直前に、温かいごはんに混ぜます。

すまし汁（2人分）
23kcal/0.7g

絹ごしどうふ ¼丁（70g）　さやえんどう4枚
だしカップ1½　塩小さじ⅙　しょうゆ小さじ½

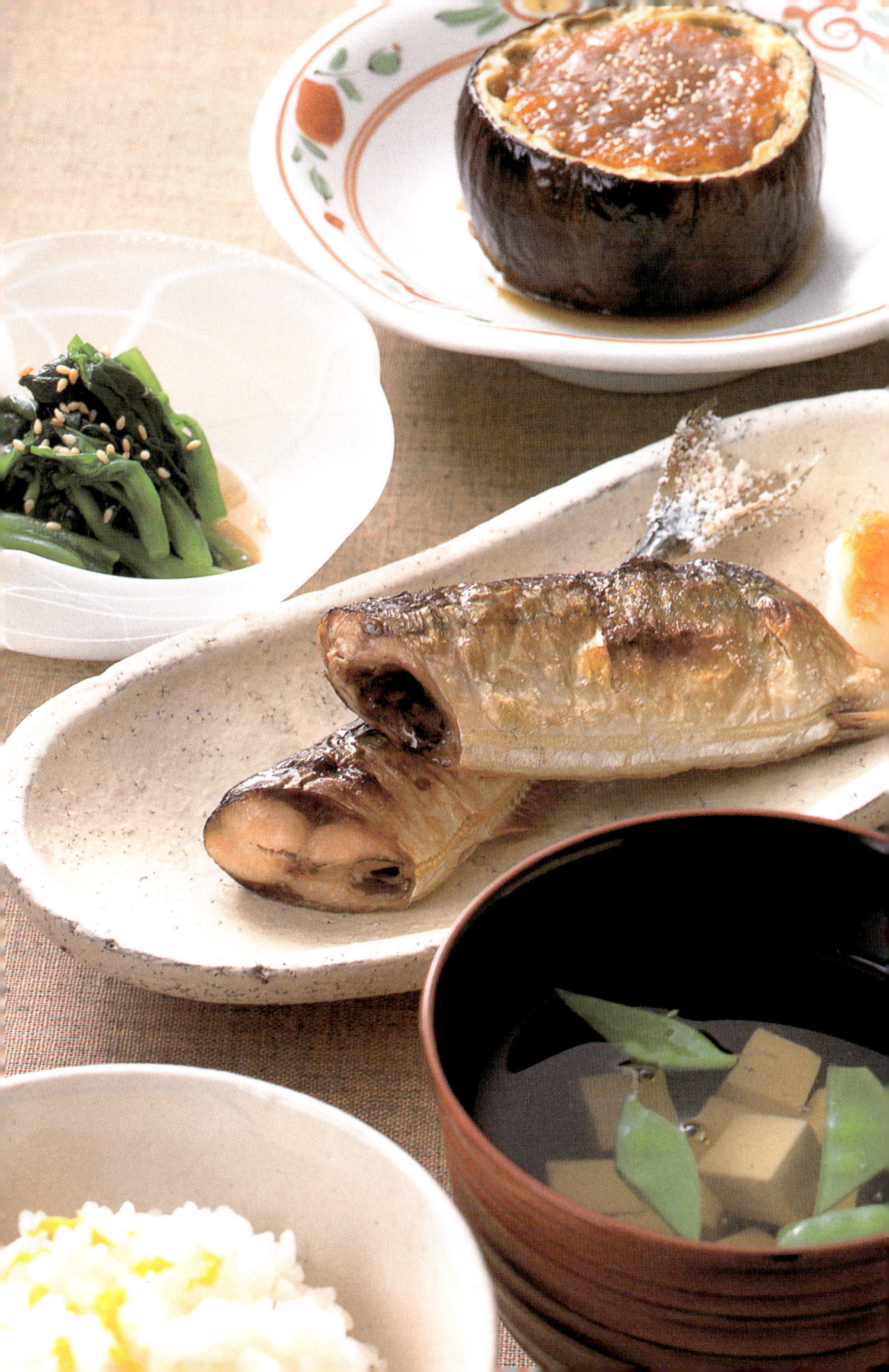

秋の食卓　焼くだけのシンプルさが真味を引き出す

1人分510kcal/塩分3.8g

海老ときのこの網焼き（2人分）
59kcal/0.8g

えび……………4尾（120g）
A ［酒・しょうゆ……各大さじ½
　　砂糖……………小さじ½］
きのこ（えのきだけ・まいたけ・しいたけなど）……合計160g
すだち……………………½個
（好みで）塩………………少々

❶えびは、殻つきのまま背わたをとります。Aに10分ほどつけます。
❷きのこは根元を除き、食べやすく分けます。
❸グリルまたは焼き網で、えびときのこを焼きます。
❹すだちを添え、好みで塩をふります。

揚げだし豆腐（2人分）
184kcal/1.1g

もめんどうふ………1丁（300g）
　小麦粉……………大さじ1
揚げ油………………適量
しょうが（すりおろす）……大1かけ（20g）
［つけ汁］
　だし………………カップ½
　しょうゆ…………大さじ1
　みりん……………小さじ1

❶とうふはペーパータオル2枚で包み、電子レンジで約2分加熱して、水気をきります（または重しをして、10分ほどおいて水きりします）。2つに切ります。
❷揚げ油を中温（約170℃）に熱します。とうふに小麦粉をまぶしつけて余分は落とし、油に入れます。黄金色に揚げて、盛りつけます。
❸つけ汁の材料をひと煮立ちさせて、器にはり、しょうがをのせます。

白菜の塩漬け（市販）（2人分）60g
6kcal/0.5g

さつまいもごはん（5人分）
237kcal/0.3g

さつまいも…………………100g
米………米用カップ2（360cc）
水……………………400cc
　酒…………………大さじ1
　塩…………………小さじ¼
＊米の1～2割を、もちきびにしても。

❶米は洗い、分量の水につけて30分以上おきます。
❷さつまいもは皮つきのまま1cm角に切って、水にさらします。
❸①に酒、塩を加え、さつまいもをざっと混ぜて炊きます。

みそ汁（2人分）
24kcal/1.1g

しゅんぎく50g　いりごま（白）小さじ¼　だしカップ1½　みそ大さじ1

秋冬の食卓にはぜひ、すだちやかぼすを。魚や松茸の焼きものに汁をしぼると、味がきりりと引きしまります。

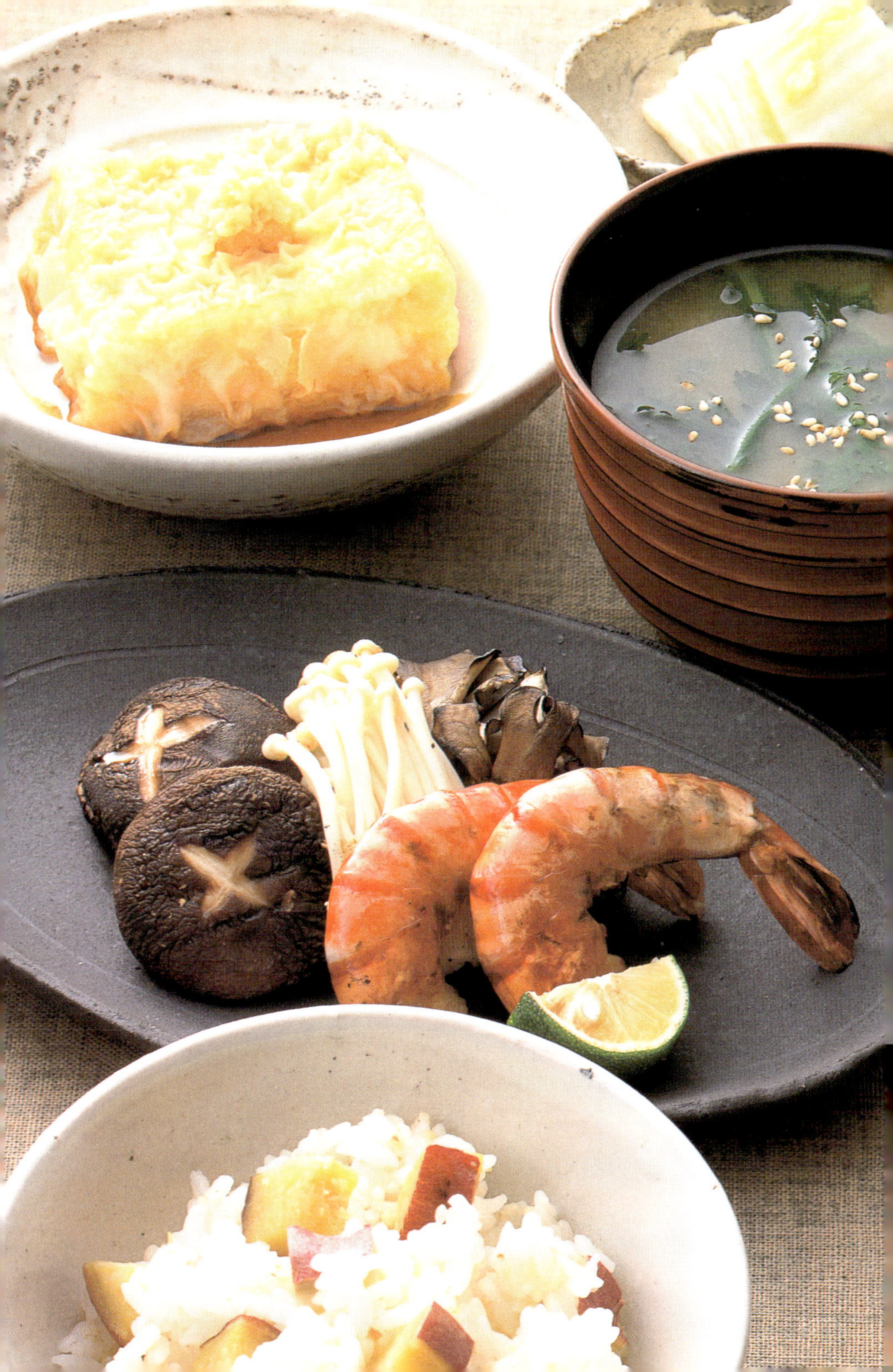

秋の食卓 秋の贅沢、松茸づくし

1人分485kcal/塩分3.5g

牛肉と松茸の包み焼き（2人分）
148kcal/0.7g

- 牛ロース肉(薄切り)……100g
- A ┌ 酒……………………小さじ1
　　├ しょうゆ…………小さじ1
　　└ しょうが汁………小さじ½
- まつたけ…………………100g
- たまねぎ……小½個(横半分)
- さやえんどう………………6枚
- 塩・こしょう……………各少々
- B〈すだち1個　しょうゆ少々〉
- オーブン用クッキングペーパー
　　……………(25×30cm) 2枚

❶牛肉は5〜6cm長さに切り、Aで下味をつけます。
❷まつたけは石づきのかたい部分をけずり、4〜5mm厚さの薄切りにします。たまねぎは1cm厚さの半月形に切ります。さやえんどうは筋をとります。
❸クッキングペーパーに、①、②をのせ、塩、こしょうをふって、口をとじ、端をねじります。
❹200℃のオーブン（ガス ファンつきなら180℃）で約10分焼きます。Bを添えます。

若水菜のおひたし（2人分）
12kcal/0.7g

- 水菜……………………½束(100g)
- A ┌ だし……………………カップ½
　　├ 薄口しょうゆ………小さじ2
　　└ みりん(煮きる)……小さじ1

❶水菜はゆで、水にとって水気をしぼり、3cm長さに切ります。
❷Aを合わせ、水菜をひたして少しおきます。
❸器に盛り、汁をそそぎます。

松茸ごはん（4人分）
276kcal/1.1g

- 米………米用カップ2(360cc)
- まつたけ…………………100g
- A ┌ だし……………………350cc
　　├ 酒………………………大さじ2
　　├ 塩………………………小さじ½
　　└ 薄口しょうゆ………小さじ2

❶米は洗い、たっぷりの水につけて30分以上おきます。
❷まつたけは石づきのかたい部分をけずりとります。長さを半分にして、5mm厚さくらいに切ります。
❸米の水気をきってAを混ぜます。まつたけをのせ、ふつうに炊きます。

千枚漬け（市販）（2人分）20g
3kcal/0.3g

すまし汁（2人分）
46kcal/0.7g

生麩(もみじ形)50g　しめじ¼パック(25g)　みつば3本
だしカップ1½　塩小さじ⅙　しょうゆ小さじ½

松茸は、かさがつぼみや中開きで、ずんぐりしたものが香り・味ともによいとされます。

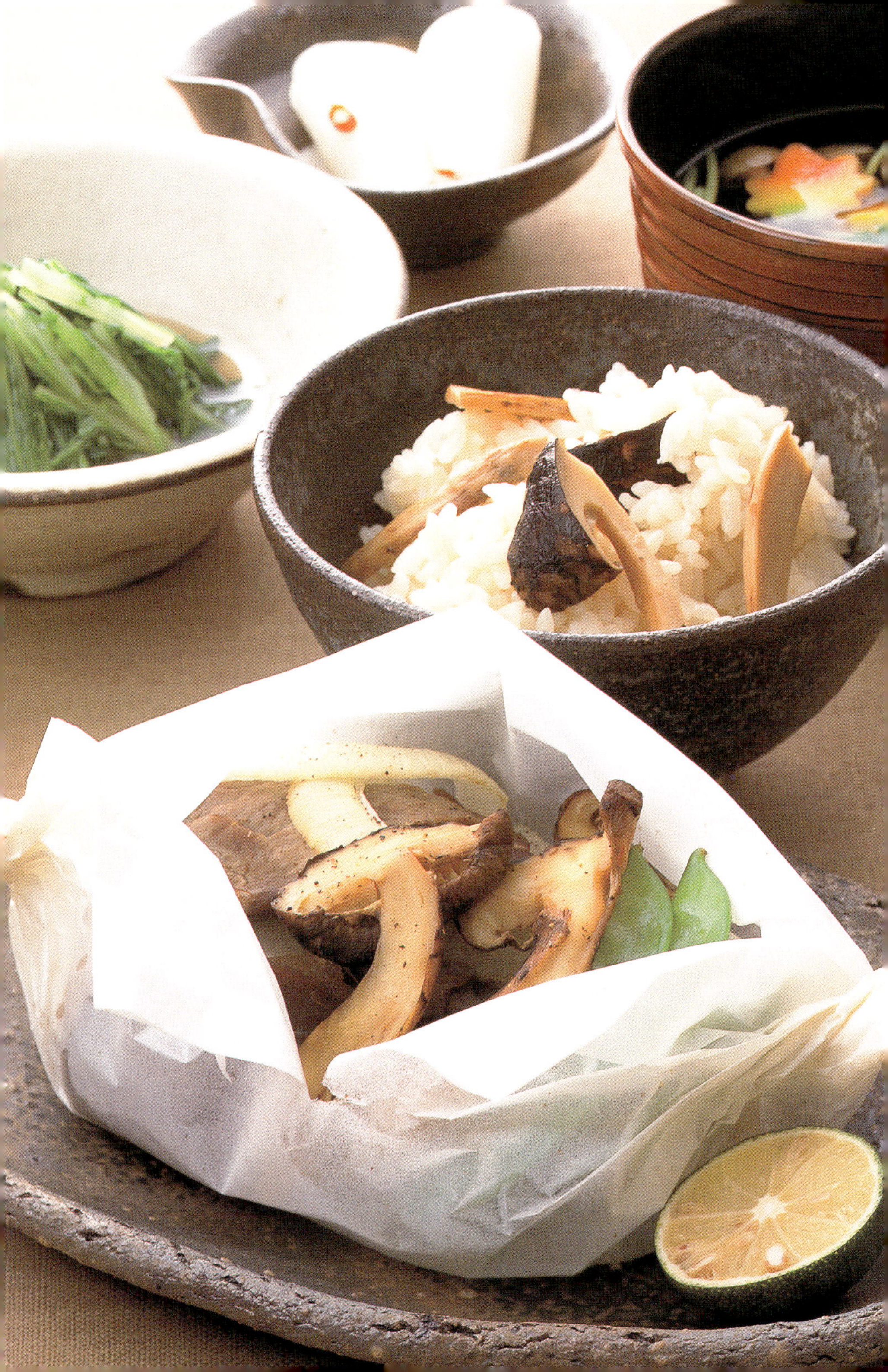

秋の食卓 新米、栗、秋刀魚。秋たけなわ

1人分654kcal/塩分3.6g

秋刀魚のごま焼き（2人分）

300kcal/1.1g

- さんま……………小2尾(250g)
- A [しょうゆ………… 小さじ2
       練りがらし……… 小さじ1]
- いりごま(白)………… 大さじ3
- サラダ油 …………… 小さじ2
- すだち…………………………1個

❶魚は、頭、尾、内臓を除き、2等分にします。
❷Aを混ぜて、魚にまぶし、10分ほどおきます。
❸ごまを全体にまぶします。
❹フライパンに油を熱し、弱めの中火で5〜6分焼きます。すだちを添えます。

春菊と湯葉の煮びたし（2人分）

49kcal/0.7g

- しゅんぎく………… 1/2束(150g)
- 生湯葉(または油揚げ)……1枚(25g)
- すだち……………………… 1/2個
- A〈だしカップ1 塩小さじ1/4 みりん小さじ1 薄口しょうゆ小さじ1/2〉

❶しゅんぎくは葉先を摘み、さっとゆでて水にとり、水気をしぼります。4cm長さに切ります。
❷湯葉は3〜4cm角に切ります。
❸鍋にAを温め、①、②を軽く煮ます。
❹器に盛り、すだちをしぼります。

二十日大根の塩漬け（市販）（2人分）30g

4kcal/0.4g

栗ごはん（5人分）

269kcal/0.7g

- 栗(鬼皮つき)……………250g
- [米……米用カップ1 1/2 (270cc)
      もち米 米用カップ1/2 (90cc)]
- 水 ……………360cc
- こんぶ …………3cm
- A [塩……小さじ2/3
       酒…大さじ1 1/2]

❶栗は熱湯に10分くらいつけ、鬼皮と渋皮をむきます。2つに切って水にさらします。
❷米は合わせて洗い、分量の水に、こんぶも一緒に30分以上つけます。
❸Aと栗を加えてざっと混ぜ、炊きます。

栗は熱湯に10〜20分つけておくと、鬼皮がむきやすくなります。下部分を切り落としてからむくとよいでしょう。

菊花豆腐のすまし汁（2人分）

32kcal/0.7g

- 絹ごしどうふ……1/3丁(100g)
- 黄菊………………1個(10g)
- みつば………………………2本
- [だし ……………… カップ1 1/2
      塩 …………………小さじ1/6
      しょうゆ…………小さじ1/2]

❶とうふは3cm角に切り、厚みの約2/3まで、格子状に細かい切り目を入れます。
❷菊は花びらを摘み、酢少々(材料外)を加えた熱湯でさっとゆで、水にとりしぼります。みつばは茎を軽くしごいて結びます。
❸だしを温めて調味し、とうふを静かに加えて温めます。椀に盛り、②を入れます。

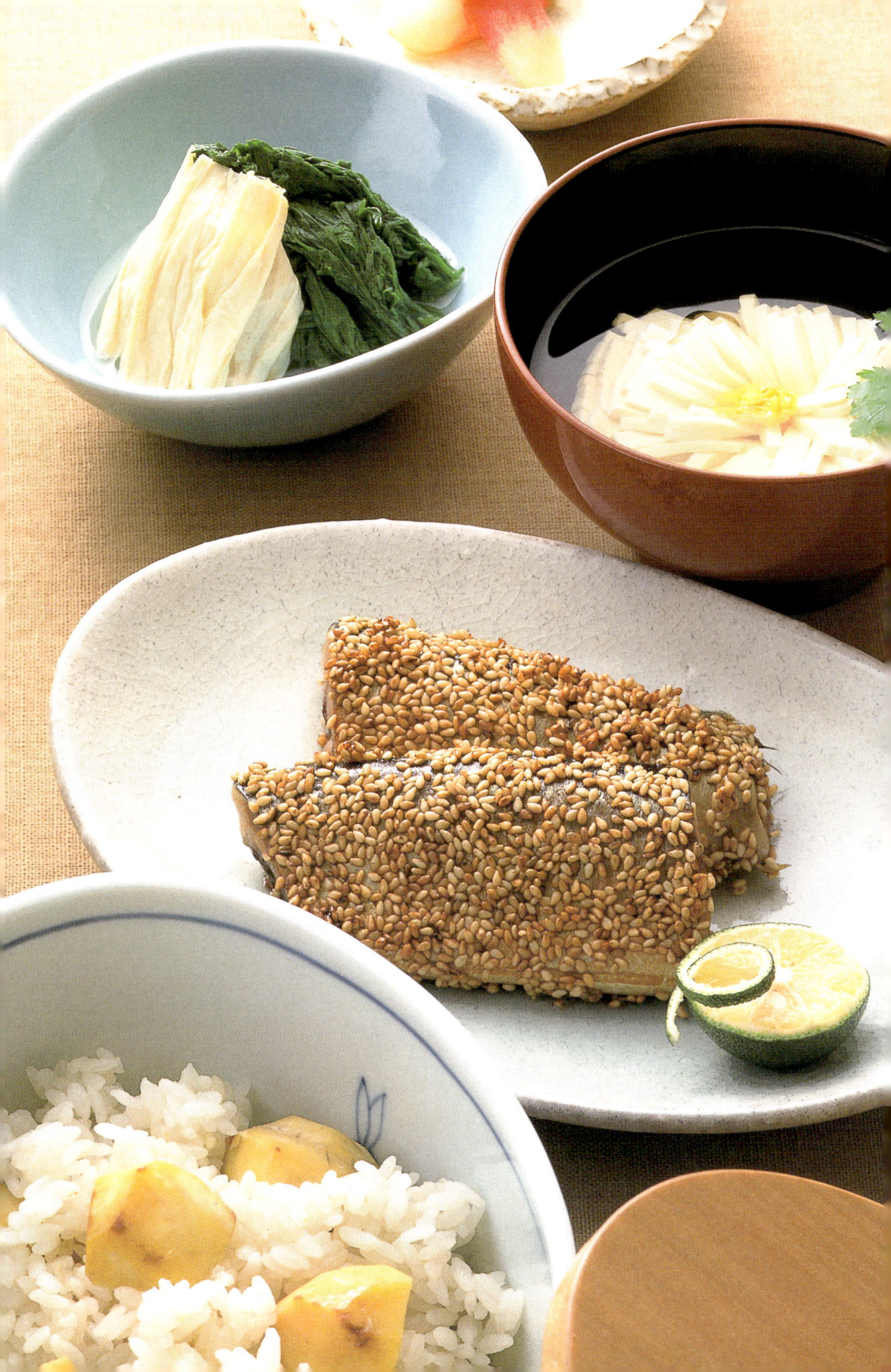

秋の食卓 お箸でいただくカツには、和の副菜が似合う

1人分650kcal/塩分3.9g

ヒレカツみそソース（2人分）
296kcal/1.6g

豚ヒレ肉（かたまり）……120g
塩・こしょう………各少々
A ┌ 小麦粉……………大さじ1
　├ 卵1/2個＋水大さじ1
　└ パン粉……………大さじ3
B ┌ 赤みそ……………大さじ1
　├ ざらめ（または砂糖）……大さじ1
　└ 水…………………大さじ3
揚げ油……………………適量
[添え] キャベツ2枚（100g）　えのきだけ1/2パック（50g）

❶肉は1cm厚さに切り、塩、こしょうをふります。Aを順につけます。
❷鍋にBを合わせて弱火にかけ、とろりと練って、みそソースを作ります。
❸揚げ油を中〜高温（170〜180℃）に熱し、肉を色よく揚げます。
❹キャベツはせん切り、えのきは半分に切ります。混ぜて盛ります。
＊みそソースは2〜3倍まとめて作ると作りやすい（約1か月冷蔵保存可）。

きのこの当座煮（2人分）
56kcal/0.9g

きのこ（しめじ・まいたけ・えのきだけなど）……………合計150g
赤とうがらし（小口切り）…1/2本
ごま油……………………小さじ1
A ┌ 酒…………………大さじ2
　├ みりん……………大さじ1
　└ しょうゆ…………小さじ2

❶しめじ、まいたけは小分けし、えのきだけは長さを半分に切ります。
❷鍋に油を熱して、とうがらしを入れ、きのこをいためます。Aを加え、全体がしんなりするまでいり煮にします。

長いものアチャラ漬け（2人分）
57kcal/0.2g

長いも……………10cm（120g）
A ┌ 酢・水………各カップ1/4
　├ 砂糖………………大さじ2
　├ 塩…………………小さじ1/6
　└ 赤とうがらし……1/2本（縦半割り）

❶鍋にAを合わせて、ひと煮立ちさせ、さまします。
❷長いもは5cm長さのたんざくに切ります。
❸長いもを①につけ、15分ほどおきます。

ごはん（2人分） 300g
222kcal/0g

みそ汁（2人分）
19kcal/1.2g

わかめ（塩蔵）10g　万能ねぎ2〜3本　だしカップ1 1/2　みそ大さじ1

"アチャラ"は、酢漬けを意味するペルシャ語からポルトガル語経由の名。ピリ辛の甘酢漬けによく使います。

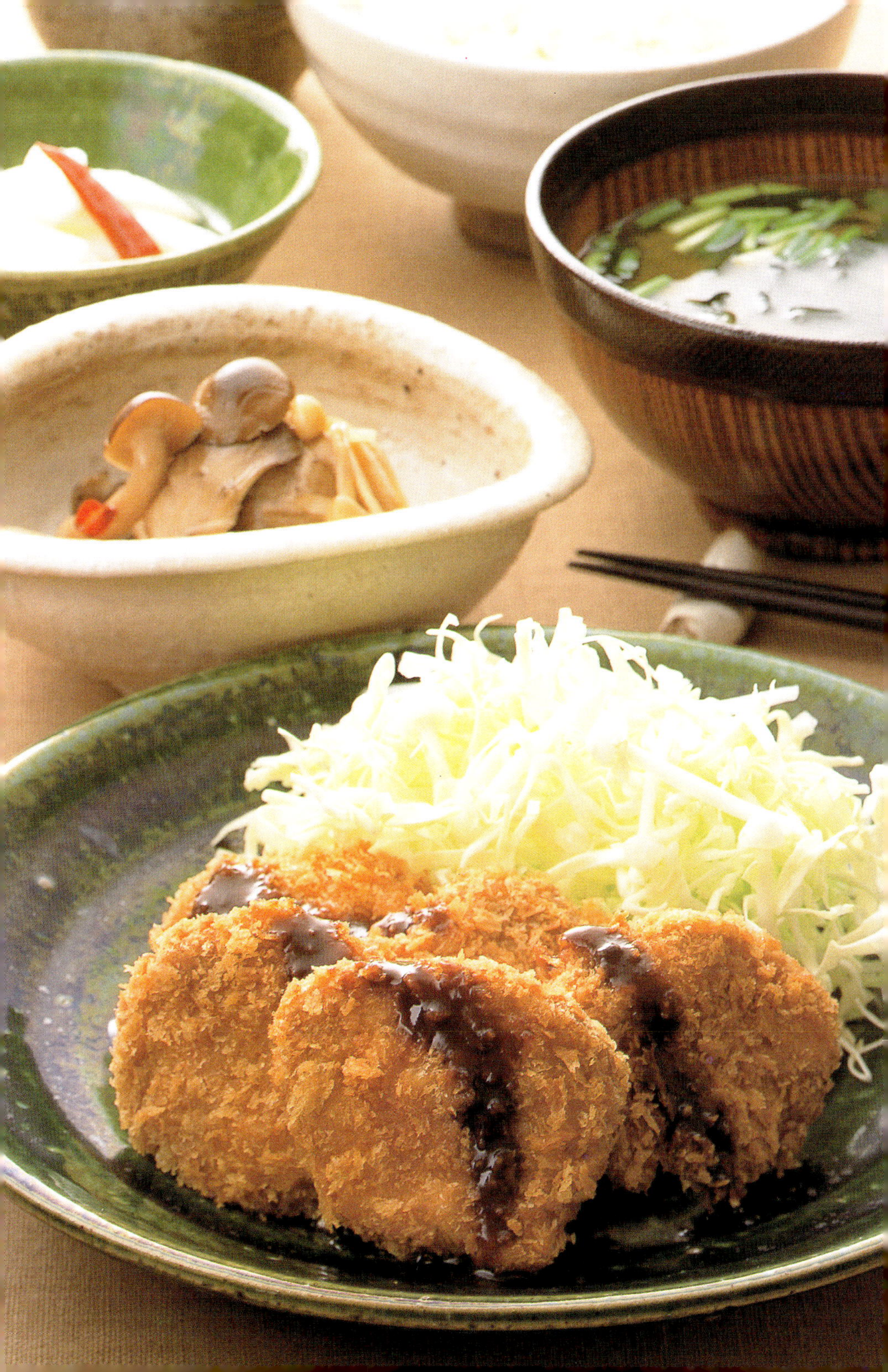

秋の食卓 とろろに、づけ、揚げたての飛竜頭で満足

1人分629kcal/塩分3.2g

山かけ丼（5人分）
326kcal/1.6g

- 米 …………… 米用カップ1½（270cc）
- 押し麦 ……… 米用カップ½（90cc）
- 水 …………………………… 450cc
- やまといも ………………… 300g
- A
  - だし ……………… カップ1¼
  - しょうゆ ……… 大さじ2½
  - みりん ………… 大さじ1½
- まぐろ（さしみ用さく）…200g
- B〈酒・しょうゆ…各小さじ1〉
- ［薬味］万能ねぎ（小口切り）3本
  いりごま（白）小さじ2　練りわさび 小さじ1

❶米、押し麦をそれぞれ洗い、合わせて分量の水につけ、30分以上おきます。ふつうに炊きます。

❷Aを煮立てて、さまします。

❸まぐろは1.5cm角に切り、Bにつけます（づけ）。

❹やまといもは、すり鉢ですりおろし、Aを少しずつ加えて混ぜながら、好みの濃度にします。

❺麦めしに、とろろをかけ、まぐろをのせます。薬味を添えます。

飛竜頭（ひりょうず）（2人分）
192kcal/0.4g

- もめんどうふ ……… 1丁（300g）
- にんじん …………………… 25g
- きくらげ（乾燥）…………… 2g
- A
  - やまといも（すりおろし）* …… 40g
  - 塩 ………………… 小さじ⅙
- ししとうがらし …………… 4本
- 揚げ油 …………………… 適量
- しょうが（すりおろす）…… 1かけ（10g）

＊乾燥の粉末やまいもを使う場合は、約10gを水でときます。

❶とうふはペーパータオル2枚に包み、電子レンジで約2分加熱して、水気をきります（または重しをして10分ほどおきます）。

❷きくらげは水でもどし、細切りにします。にんじんも細切りにします。

❸ししとうは切り目を入れます。

❹すり鉢（クッキングカッターでも）に、とうふとAを入れてよく混ぜます。②をざっと混ぜ、6等分にして丸めます（手に油をつけるとよい）。

❺揚げ油を中温（約160℃）に熱し、ししとうをさっと揚げます。④を入れ、色づくまでゆっくり揚げます。

❻おろししょうがでいただきます。

煮豆（市販）（2人分）60g
78kcal/0.1g

みそ汁（2人分）
33kcal/1.1g

ごぼう⅕本（40g）　ねぎ¼本　だしカップ1½　赤みそ大さじ1

山かけは「やまいもをかける」。飛竜頭はポルトガル語（揚げ菓子の名）から由来するといわれ、その当て字。

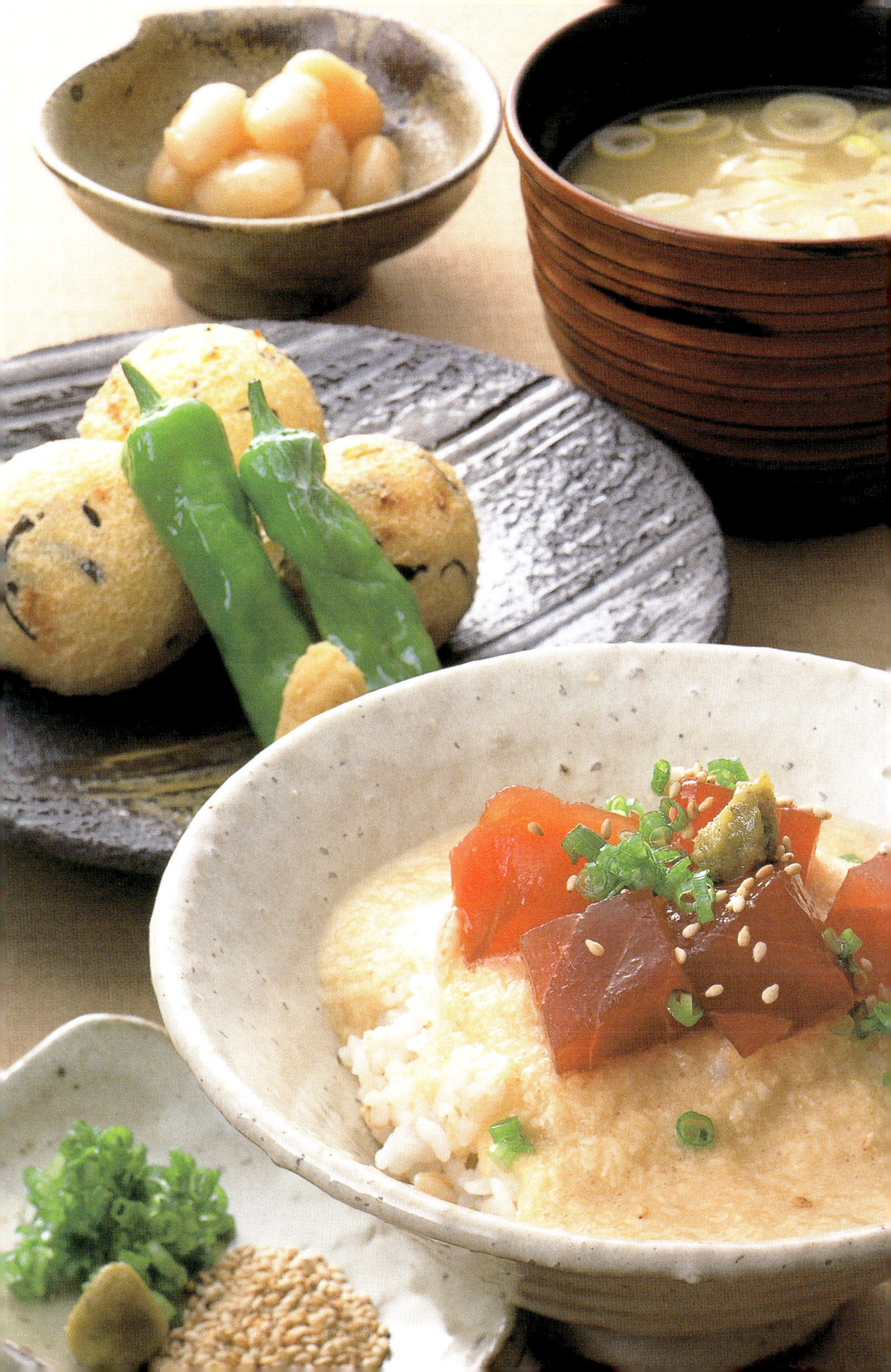

秋の食卓　淡泊な魚を酒の香りで仕上げ、ふっくらと

1人分566kcal／塩分3.4g

かますの酒塩焼き（2人分）
121kcal／0.9g

かます	2尾（300g）
［塩	小さじ¾
酒	大さじ1］
だいこんおろし	50g
すだち	1個

❶魚は、うろこ、えら、内臓を除き、ざるにのせ、塩をふって15分ほどおきます。
❷グリルか焼き網で両面を焼きます。仕上げに表面に酒をふり、乾く程度に焼きます。
❸だいこんおろし、すだちを添えます。

里いもととりの治部煮（2人分）
140kcal／1g

とりもも肉	½枚（80g）
かたくり粉	大さじ½
さといも	200g
さやいんげん	5本
A［だし	カップ1
みりん	大さじ1
しょうゆ	大さじ1］
練りわさび	小さじ⅓

❶さといもは皮をむき、塩少々（材料外）をふってもみ、さっとゆでてぬめりを洗います。いんげんはかためにゆでます。とり肉は、ひと口大のそぎ切りにします。
❷鍋にAを合わせ、さといもを弱火でやわらかくなるまで12分ほど煮ます。
❸とり肉にかたくり粉をまぶして、②に入れ、5分ほど、汁をからませながら煮ます。いんげんを加えてさっと煮ます。
❹器に盛り、わさびを天盛りにします。

柿なます（2人分）
33kcal／0.4g

だいこん	120g
塩	小さじ⅙
柿	¼個
A［砂糖・だし	各大さじ½
酢	大さじ1½
塩	少々］

❶だいこん、柿は4cm長さのせん切りにします。だいこんは塩をふり、しんなりしたら水気をしぼります。
❷Aを合わせて、①をあえます。

ごはん（2人分）300g
222kcal／0g

みそ汁（2人分）
50kcal／1.1g

キャベツ100g　油揚げ½枚　だしカップ1½　みそ大さじ1

新米の時期です。みずみずしいので、いつもより少しひかえめの水量で炊くと、おいしく炊けます。

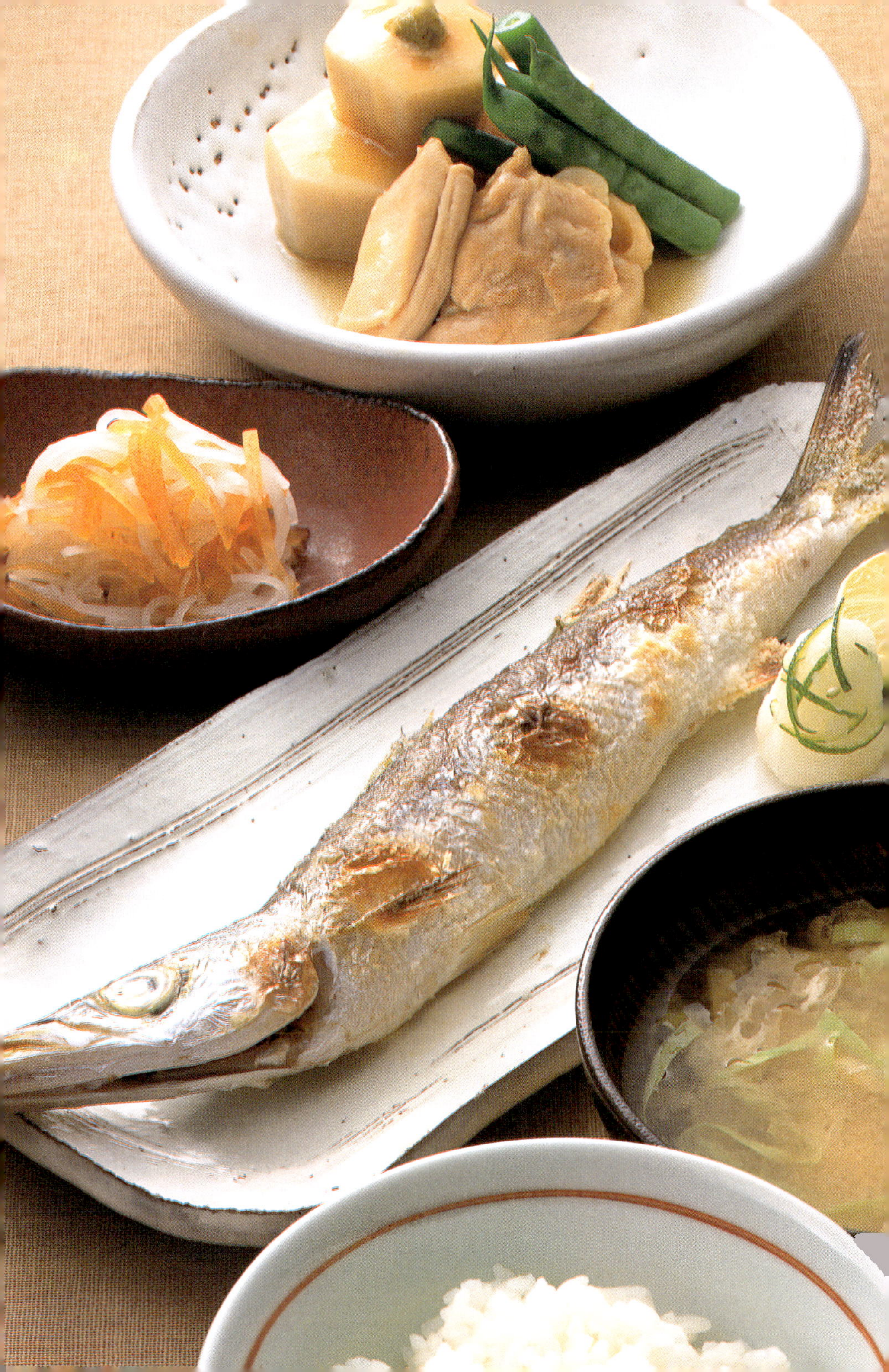

秋の食卓 さばを、酢をかくし味にした白みそ仕立てで

1人分650kcal/塩分3.7g

さばのみそ煮（2人分）
295kcal/1.4g

- さば……………2切れ（200g）
- しょうが（薄切り）……小1かけ（5g）
- ねぎ（下仁田ねぎなど太めのもの）
  ……………………………1本
- A〈酒・水………各カップ1/2〉
- B［砂糖……………大さじ1/2
   　しょうゆ………大さじ1/2
   　酢………………小さじ1］
- 白みそ……………………大さじ2
- 七味とうがらし……………少々

❶魚は皮側に切り目を入れます。熱湯をかけ、くさみをとります。
❷鍋にAを煮立てて魚を入れ、白っぽくなったら、Bを入れます。中火にし、落としぶたをして、7～8分煮ます。
❸煮汁が半量くらいになったら、しょうがを加えて2～3分煮、みそをとき入れます。
❹ねぎは白い部分を4～5cm長さに切り、網などで焼きます。青い部分少々をせん切りにし、水にさらします。
❺魚を盛り、七味をかけ、ねぎを盛ります。

しいたけといかの納豆あえ（2人分）
54kcal/0.4g

- しいたけ…………………………4個
- いか（さしみ用細切り）……50g
- ひき割りなっとう……1/2パック（30g）
- A［練りがらし・しょうゆ
   　　………各小さじ1/2］
- 青のり……………………………少々

❶しいたけは、かさと軸に分け、網で焼きます。
❷なっとうにAを加えて混ぜ、いか、しいたけを混ぜます。青のりをふります。

ほうれんそうの朝地あえ（2人分）
55kcal/0.7g

- ほうれんそう……1/2束（100g）
- A［いりごま（白）……大さじ2
   　酒・しょうゆ…各大さじ1/2］

❶ほうれんそうはゆで、水にとって水気をしぼります。4～5cm長さに切ります。
❷ごまを切ってAを合わせ、①をあえます。

ごはん（2人分）300g
222kcal/0g

みそ汁（2人分）
24kcal/1.2g

はくさい100g　わかめ（塩蔵）10g　だしカップ1 1/2　みそ大さじ1

朝地あえは、ごまあえに使われる名前。切りごまがまぶさるようすを、浅茅（かや＝朝地は当て字）がまばらに

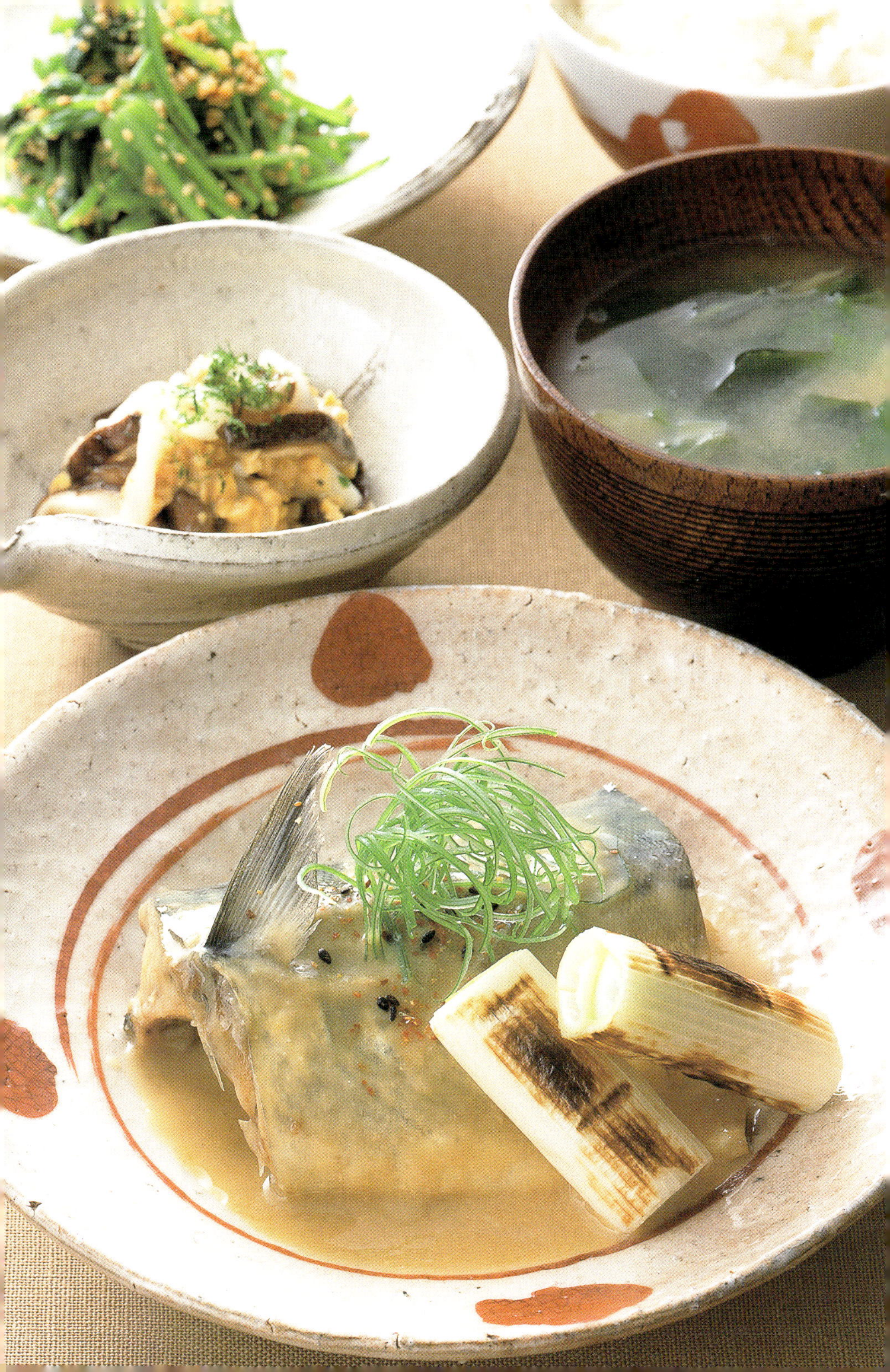

秋の食卓 **蒸しもののやさしい味に余韻を感じる**

1人分572kcal/塩分3.9g

白身魚のかぶら蒸し（2人分）
118kcal/1.1g

あまだい	2切れ（160g）
A〈みりん・しょうゆ	各小さじ1〉
かぶ	2個（200g）
B〔とき卵	大さじ1
塩	少々〕
みつば	15g
C〔だし	カップ$\frac{1}{2}$
酒	小さじ1
薄口しょうゆ	小さじ$\frac{1}{6}$
塩	少々〕
D〔かたくり粉	小さじ$\frac{1}{2}$
水	小さじ1〕
しょうが汁（または練りわさび）	少々

❶魚は、厚みの半分に切り目を入れ、Aをふって10分おきます。

❷かぶは皮をむいてすりおろし、ざるにとって、自然に水気をきります。Bと混ぜます。

❸みつばは2～3cm長さに切ります。飾り用の葉を残して、魚の切り目に詰めます。

❹器に魚を入れ、②をかけます。蒸気の立った蒸し器で約8分蒸します（電子レンジなら、ラップをして1人分約1分30秒加熱）。

❺Cを煮立て、Dでとろみをつけて、④の蒸しあがりにかけます。しょうが汁をかけ、みつばの葉を飾ります。

さつま揚げとかぶの葉のいり煮（2人分）
57kcal/0.8g

かぶの葉	100g
さつま揚げ	1枚（50g）
ごま油	小さじ$\frac{1}{2}$
しょうゆ	小さじ$\frac{1}{2}$
七味とうがらし	少々

❶かぶの葉は、4～5cm長さに切ります。さつま揚げは5mm幅に切ります。

❷鍋に油を熱し、かぶの葉、さつま揚げの順に加えていため、しょうゆを加えていりつけます。最後に七味をふります。

栗の渋皮煮（市販）（2人分）　4個
90kcal/0.1g

里いもごはん（5人分）
235kcal/0.6g

さといも	3個（200g）
薄口しょうゆ	小さじ$\frac{1}{2}$
米	米用カップ2（360cc）
A〈だし 370cc　酒大さじ2　塩小さじ$\frac{1}{3}$　薄口しょうゆ小さじ1〉	
ゆずの皮（せん切り）	少々

❶米は洗い、たっぷりの水につけて30分以上おきます。

❷さといもは1.5cm角に切って、塩少々（材料外）をふってもみ、ぬめりを洗います。水気をふき、薄口しょうゆをふります。

❸米の水気をきり、A、さといもを合わせて炊きます。盛ってゆずをのせます。

みそ汁（2人分）
72kcal/1.3g

はくさい100g　ベーコン1枚　いりごま（白）小さじ1　だしカップ1$\frac{1}{2}$　みそ大さじ1

姿形が美しい甘鯛は、やわらかい白身の高級魚。鮮度が落ちやすいので、活きのよいものを求めましょう。

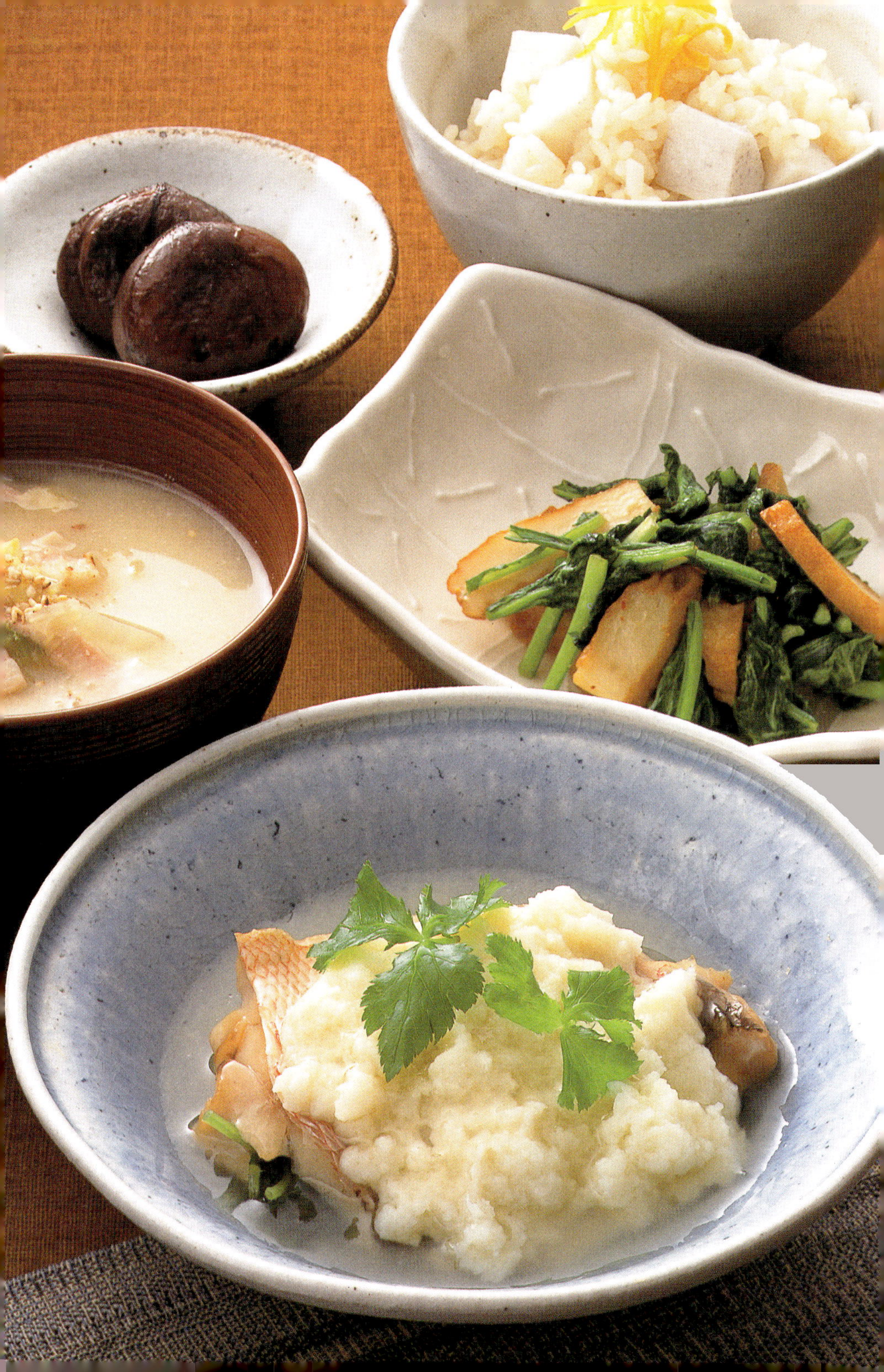

秋の食卓　から揚げを、さわやかな風味でいただく

1人分631kcal/塩分3.7g

とりのから揚げ 柚子風味（2人分）
212kcal/1.2g

- とりもも肉（皮なし）……200g
- しょうゆ………………大さじ1
- かたくり粉………大さじ1½
- ゆずの皮………………¼個分
- 揚げ油……………………適量
- しゅんぎく…………¼束（50g）
- ミニトマト…………………2個

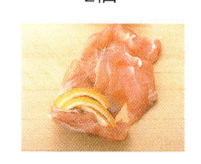

❶とり肉は6×4cmのそぎ切りにし、しょうゆをふって、15分ほどおきます。
❷ゆずは皮を2mm厚さくらいにむき、3cm長さの細切りにします。
❸しゅんぎくは葉先を摘み、水に放して水気をきります。トマトは4つ割りにします。
❹肉を、ゆず3〜4本を芯にして巻き、かたくり粉をまぶします。
❺揚げ油を中温（160〜170℃）に熱し、肉を揚げます。
❻③と盛り合わせます。

＊野菜はそのままで、さっぱりとどうぞ。

数の子ときゅうりの からしマヨネーズ（2人分）
76kcal/0.8g

- かずのこ…………小1本（25g）
- きゅうり……………………1本
- 塩………………………小さじ⅙
- A
  - マヨネーズ……大さじ1½
  - 練りがらし…小さじ¼〜½
  - 酒………………小さじ1

❶かずのこは塩水につけて塩を抜き、1〜2cm長さに切ります。
❷きゅうりは小口切りにして塩をふり、しんなりしたら水気をしぼります。
❸①、②を合わせて盛ります。Aを合わせて周囲にかけます。

数の子は、大半が塩蔵品です。塩水（水カップ3＋塩小さじ1の割合）に半日〜1日つけて塩抜きして使います。

月見とろろ（2人分）
99kcal/0.5g

- やまといも………………200g
- うずら卵…………………2個
- 練りわさび……………小さじ¼
- しょうゆ………………小さじ1

❶やまといもはすりおろし、器に入れます。うずら卵を割り入れ、わさびじょうゆを添えます。

ごはん（2人分）300g
222kcal/0g

みそ汁（2人分）
22kcal/1.2g

まいたけ½パック（50g）　わかめ（塩蔵）10g　だしカップ1½　みそ大さじ1

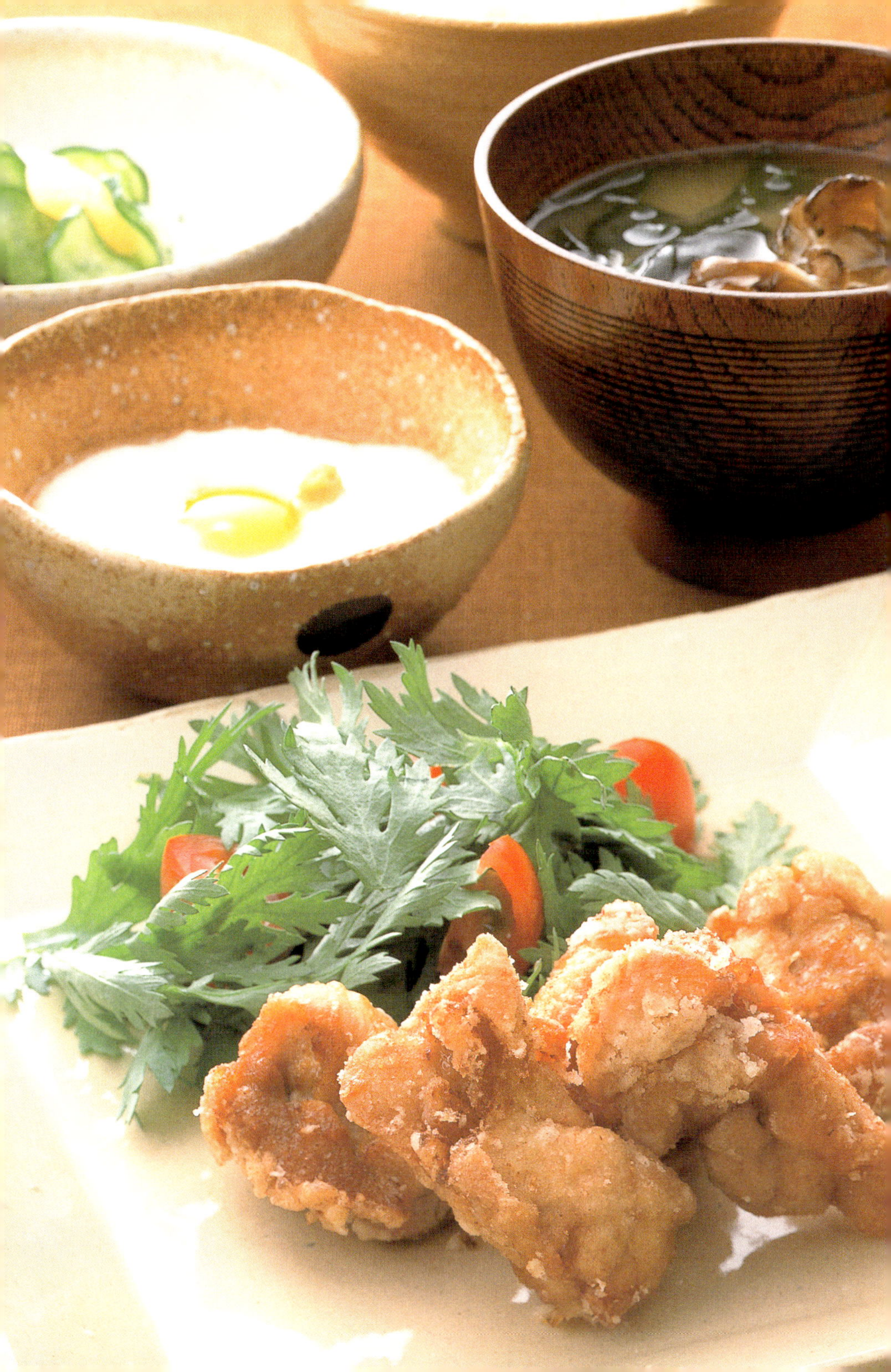

秋の食卓　山海の幸を焼く香ばしさが、ごちそうに

1人分593kcal/塩分3.4g

鮭の焼きびたし（2人分）
194kcal/0.9g

生さけ……………2切れ（200g）
塩…………………………少々
グリーンアスパラガス……2本
しめじ…………1パック（100g）
ねぎ……………………20cm
A ┌ しょうゆ・酢・みりん・酒
　│　………………各大さじ1
　└ 赤とうがらし（小口切り）……1本

❶魚は3〜4つのそぎ切りにし、塩をふります。
❷しめじは小房に分けます。
❸Aはひと煮立ちさせます。
❹魚の水気をふき、野菜と一緒にグリルまたは焼き網で焼きます。焼けたら、アスパラ、ねぎは3〜4cm長さに切ります。
❺熱いうちにAにつけます。

春菊のごまあえ（2人分）
51kcal/0.5g

しゅんぎく…………½束（120g）
いりごま（黒）…………大さじ2
A ┌ しょうゆ・だし………各小さじ1
　└ 砂糖………………………少々

❶しゅんぎくは、ゆでて水にとり、水気をしぼります。5cm長さに切ります。
❷ごまは弱火で温めて、すり鉢で半ずりにし、Aを加えてすり混ぜます。しゅんぎくをあえます。

べったら漬け（市販）（2人分）　30g
13kcal/0.4g

たこめし（4人分）
307kcal/0.9g

ゆでだこ…………………150g
米…………米用カップ2（360cc）
水……………………………360cc
こんぶ………………………5cm
しょうが……………1かけ（10g）
A ┌ 酒………………………大さじ1
　│ 塩………………………小さじ⅙
　└ しょうゆ…………小さじ2

❶米は洗って分量の水につけ、こんぶを加えて30分以上おきます。
❷たこは薄切りに、しょうがはせん切りにします。
❸①にAを混ぜ、たこ、しょうが（飾り用を少し残す）をざっと混ぜて、ふつうに炊きます。
❹こんぶをとり出し、全体を混ぜます。

すまし汁（2人分）
28kcal/0.7g

絹ごしどうふ¼丁（70g）　麩2g　みつば4本
だしカップ1½　塩小さじ⅙　しょうゆ小さじ½

産卵のために、沿岸近くに回遊してきたものを「あきあじ〈秋味〉」と呼び、鮭の季節が始まります。

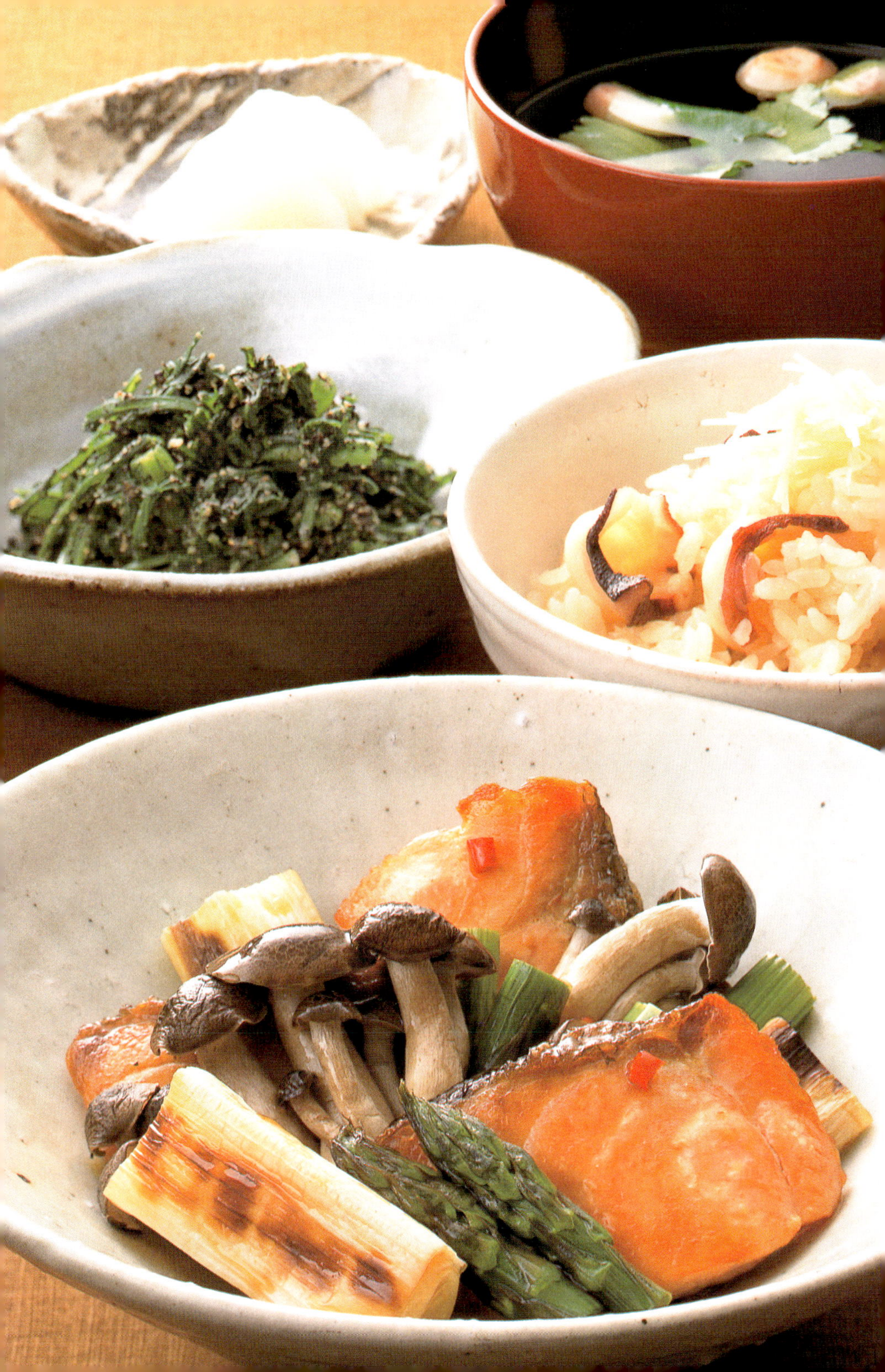

秋の食卓　脂ののったきんめを、こっくりした煮つけに

1人分557kcal/塩分3.8g

きんめの煮つけ（2人分）
150kcal/2.1g

きんめだい	2切れ（200g）
A 水	カップ1/2
酒	カップ1/4
みりん	大さじ2
しょうゆ	大さじ1 1/2
しょうが（薄切り）	1かけ（10g）
万能ねぎ	40g
わかめ（塩蔵）	10g

❶魚は、皮側に斜めの切り目を入れます。
❷鍋にAを煮立て、魚を並べ入れます。煮汁を2～3回かけてから落としぶたをし、中火で10分ほど、煮汁が少なくなるまで煮ます。途中で煮汁を2～3回かけます。
❸ねぎは5cm長さに切り、わかめはもどして同様に切ります。
❹魚を盛ります。煮汁に③を入れて軽く火を通し、魚に添えます。

さつまいものレモン煮（2人分）
139kcal/0g

さつまいも（細めのもの）	150g
りんご	1/4個
水	カップ1/2
砂糖	大さじ2
レモン汁	小さじ2

❶さつまいもは1cm厚さの輪切りにします。水にさらします。
❷りんごは皮をむき、5mm厚さのいちょう切りにします。
❸鍋に材料全部を入れ、汁気がほぼなくなるまで煮ます。

たくあんときゅうりの柚子風味（2人分）
12kcal/1g

たくあん	30g
きゅうり	1/2本
いりごま（白）	小さじ1/2
ゆずの皮（せん切り）	少々

❶たくあん、きゅうりはせん切りにします。合わせて、軽くもみ、少しおきます。
❷水気をしぼって、ごま、ゆずの皮を混ぜます。

ごはん（2人分）300g
222kcal/0g

すまし汁（2人分）
34kcal/0.7g

ごぼう30g　せり1/4束（30g）　油揚げ1/2枚
だしカップ1 1/2　塩小さじ1/6　しょうゆ小さじ1/2

きんめ鯛は、冬に向かっておいしくなります。文字どおり大きな目が特徴で、鯛とは別種の魚。"金目"の

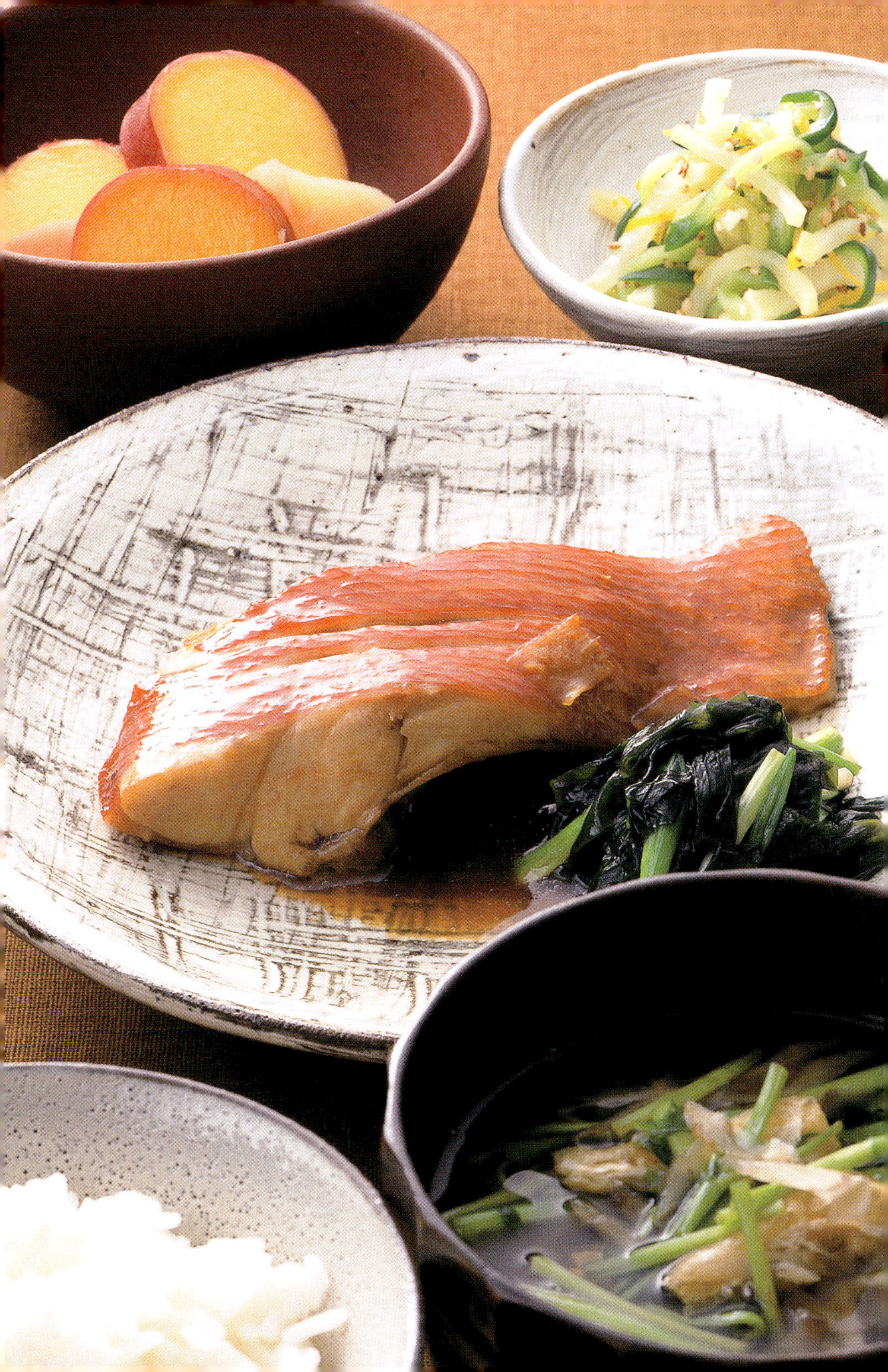

秋の食卓 かば焼きに、ねぎと粉山椒の味を効かせて

1人分612kcal/塩分4g

いわしのかば焼き（2人分）
216kcal/2.6g

いわし	大2尾(240g)
かたくり粉	大さじ1
サラダ油	大さじ½
A［砂糖	大さじ1½
しょうゆ	大さじ1½
酒］	大さじ1½
ねぎ	10cm
粉さんしょう	少々

❶魚はうろこを軽くこそげとり、頭と内臓を除きます。手で開いて中骨をとり、腹骨をそぎとります。
❷かたくり粉をまぶし、余分は落とします。ねぎはせん切りにし、水にさらします。
❸フライパンに油を熱し、魚を皮を上にして入れます。中火で焼き、焼き色がついたら裏返して2分ほど焼き、とり出します。
❹フライパンをきれいにし、Aを煮立てます。少し煮つまってきたら、魚をもどしてからめます。
❺魚、ねぎを盛り、粉さんしょうをふります。

ほうれんそうのしょうが風味（2人分）
14kcal/0.2g

ほうれんそう	½束(100g)
しょうが	小1かけ(5g)
A［しょうゆ	小さじ½
酢］	小さじ½

❶ほうれんそうはゆで、水にとって水気をしぼり、3cm長さに切ります。しょうがはみじん切りにします。両方を混ぜます。
❷食べる直前に、Aを合わせてかけます。

富貴豆（市販）（2人分）40g
29kcal/0.1g

ごはん（写真は玄米ごはん）（2人分）300g
222kcal/0g

豚汁（2人分）
131kcal/1.1g

豚ばら肉(薄切り)	30g
ごぼう・にんじん	各30g
だいこん	50g
さといも	1個
ねぎ	10cm
油揚げ	¼枚
七味とうがらし	少々
〈だしカップ2　酒大さじ1　みそ大さじ1〉	

❶ごぼうはささがきにして、水にさらします。にんじん、だいこんはたんざく切りに、さといもは5mm厚さの半月切りにします。ねぎは小口切りにします。
❷油揚げは熱湯をかけ、5mm幅に切ります。豚肉は2cm幅に切ります。
❸鍋に、だし、②、ねぎ以外の野菜を入れて煮ます。やわらかくなったら調味し、ねぎを加えます。七味をふります。

背の青い魚は、血をさらさらにしたり、脳の働きを活発にさせるパワーがあります。

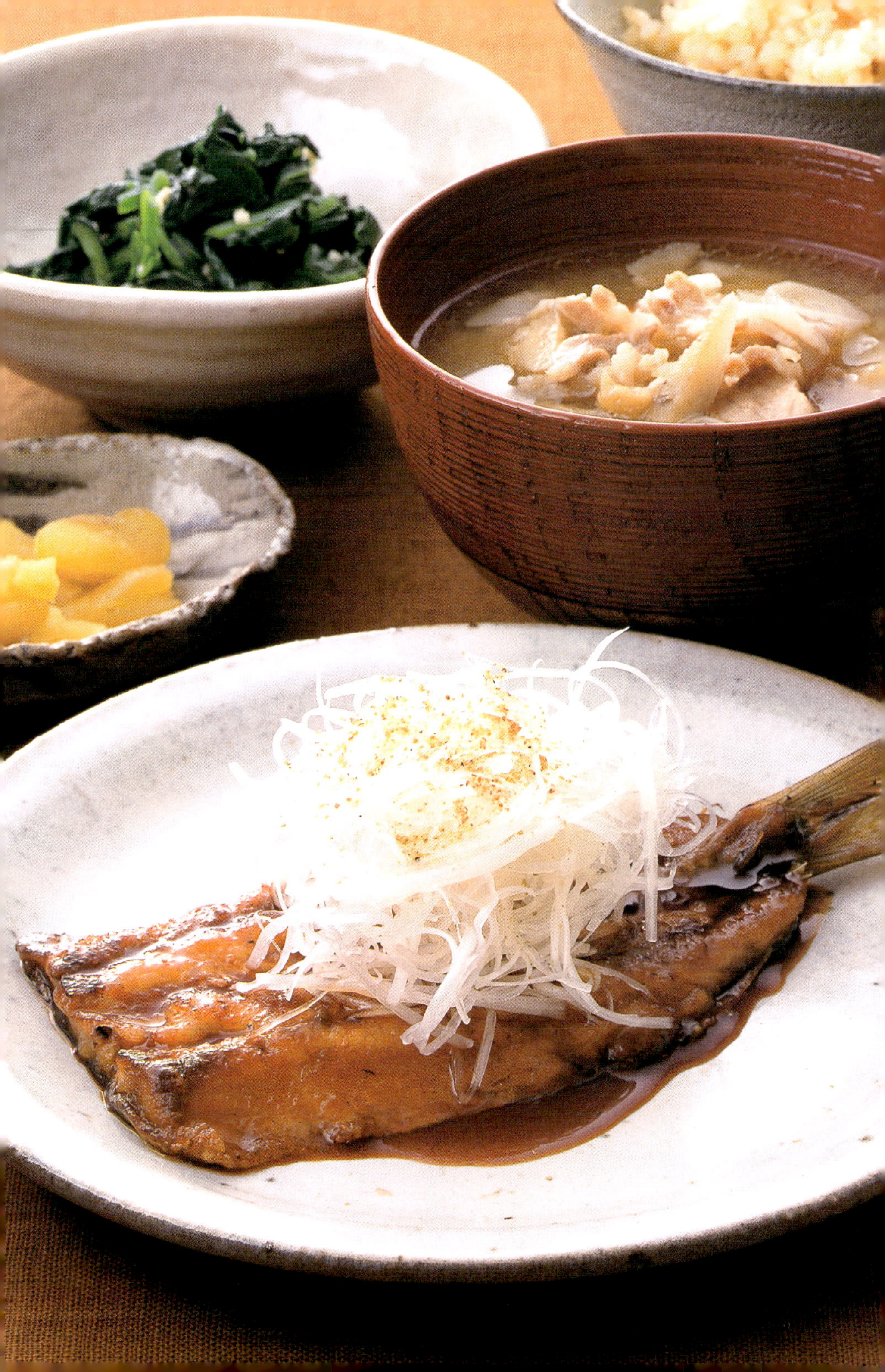

秋の食卓　秋深まると、いも類がほっこりおいしい

1人分680kcal/塩分3.6g

牛肉の柳川風（2人分）
292kcal/2g

- 牛しゃぶしゃぶ用肉……100g
- ごぼう……………1/2本(100g)
- 卵……………………2個
- A
  - だし……………カップ1/2
  - みりん……………大さじ3
  - しょうゆ・酒‥各大さじ1 1/2
- 万能ねぎ………………1本
- 粉さんしょう……………少々

❶牛肉は4～5cm長さに切ります。
❷ごぼうは皮をこそげ、ささがきにします。水にさらして水気をきります。ねぎは2cm長さに切ります。
❸鍋に、A、ごぼうを入れて火にかけ、やわらかくなったら、牛肉を広げて入れます。アクをとり、卵をほぐして回し入れ、ねぎを散らします。半熟に仕上げます。
❹さんしょうをふります。

八つ頭の含め煮（2人分）
101kcal/0.4g

- やつがしら……………200g
  - だし……………カップ1
  - みりん……………大さじ2
  - 薄口しょうゆ………小さじ1
- ゆず……………………1/4個

❶やつがしらは皮をむき、3～4cm角に切って、塩少々(材料外)をふってもみ、ぬめりを洗います。
❷鍋に、だし、みりんを合わせ、やつがしらを弱火で10分ほど煮ます。しょうゆを加え、煮汁が少なくなるまで煮ます。
❸ゆずの皮をすりおろし、散らします。

イクラおろし（2人分）
32kcal/0.1g

- だいこん………………200g
  - 酢………………小さじ2
  - 砂糖………………少々
- みつば…………………2本
- イクラ……………………10g

❶だいこんをすりおろして水気を軽くきり、調味料を混ぜて盛りつけます。
❷みつばは2cm長さに切ります。イクラとともに①にのせます。

ごはん（2人分）300g
222kcal/0g

みそ汁（2人分）
33kcal/1.1g

えのきだけ1/2袋(50g)　油揚げ1/4枚　だしカップ1 1/2　みそ大さじ1

八つ頭は里いもの一種で、親いもと子いもがひとかたまりになっています。ほっこりと煮え、雑煮の具などに。

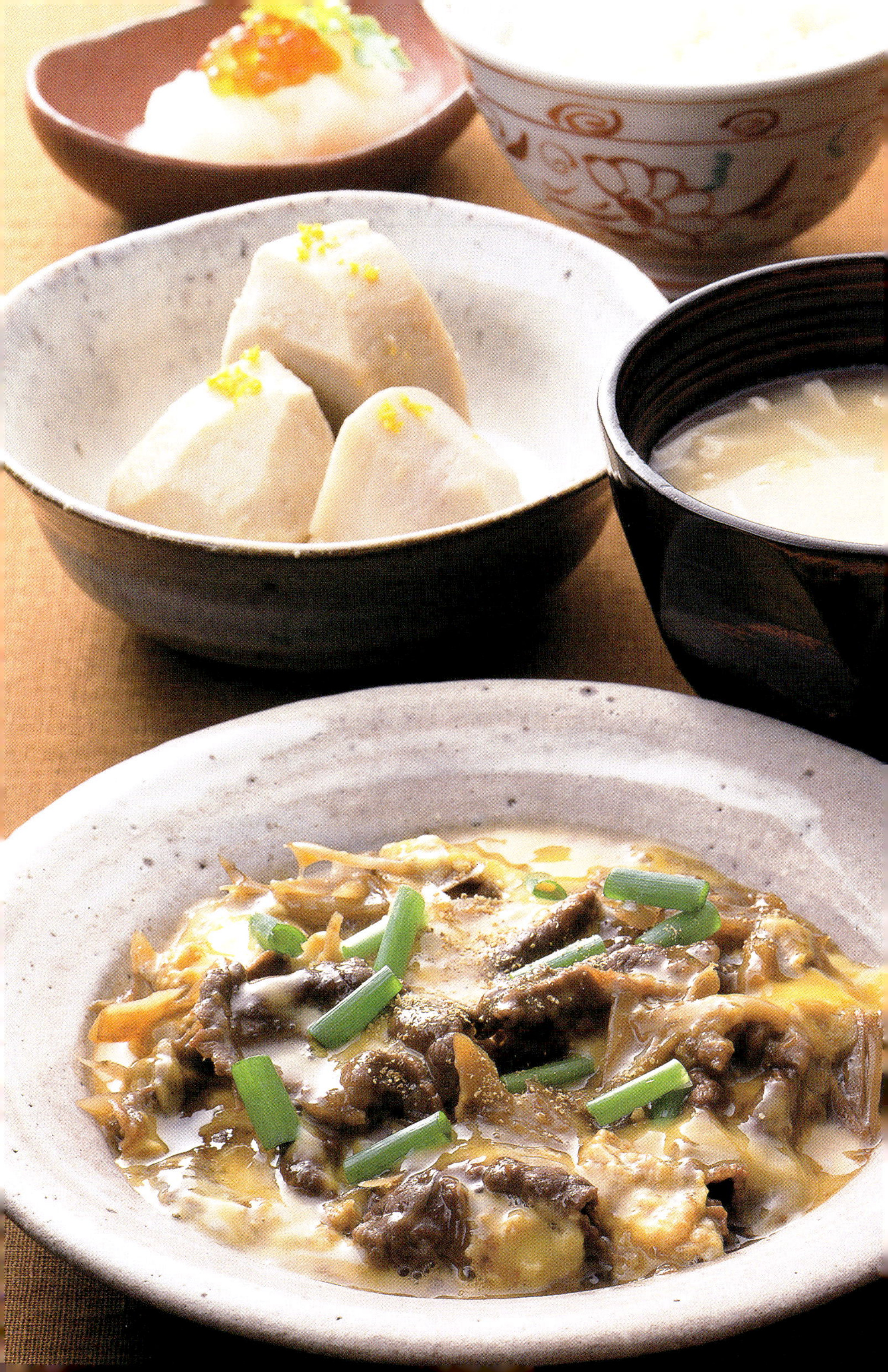

冬の食卓

魚介の鍋と、ほろ苦いサラダで

1人分516kcal/塩分4g

和風ブイヤベース（2人分）
343kcal/3.3g

- かに足(ボイル)……1本(180g)
- 生たら……………1切れ(80g)
- あさり(砂抜き)……………80g
- ほたて貝柱(冷凍)……2個(60g)
- ねぎ ……………………1/2本
- バター ……………………15g
- えのきだけ…………1袋(100g)
- A〈水カップ2 1/2　固形スープの素1個〉
- B〈酒カップ1/4　みそ大さじ1　にんにくのすりおろし1片分〉
- 万能ねぎ(小口切り)………1本

[雑炊]
- ごはん150g　卵1個　もみのり少々

❶ねぎは斜め薄切りにします。

❷かに足、たらは2～3つに切ります。あさりは、殻をこすり合わせて洗います。

❸鍋にバターを溶かし、①を少し色づくまでいためます。Aを加えて煮立て、弱火で約5分煮ます。土鍋などに移します。

❹Bを加えて調味し、魚介とえのきだけを加えます。アクをとって5分ほど煮、万能ねぎを約半量散らしていただきます。

[雑炊]　食べ終わったら、煮汁から骨などをすくいとります。ごはんを水でさっと洗って、煮汁に加えます。煮立ったら、卵を回し入れ、残りのねぎを散らします。

和野菜のサラダ（2人分）
79kcal/0.7g

- しゅんぎく……………1/4束(50g)
- みつば ……………………15g
- 紫たまねぎ…………1/4個(50g)
- 長いも ……………………60g

[ドレッシング]
- 酢・しょうゆ・レモン汁各大さじ1/2
- 塩・こしょう各少々　サラダ油大さじ1

❶しゅんぎくは葉を摘み、みつばは3～4cm長さに切ります。たまねぎは薄切り、長いもは4cm長さの細切りにして、両方を水にさらします。

❷野菜を混ぜて盛り、ドレッシングを添えます。

和野菜のサラダには、三つ葉やせり、焼いたしいたけなどを加えても。しょうゆドレッシングがよく合います。

柿とプルーンの洋酒漬け（作りおき・2人分）
94kcal/0g

- 柿 ……………………1/2個(100g)
- プルーン ……………………50g
- 水 ……………………カップ1/2
- 砂糖 ……………………大さじ1/2
- ブランデー ……………大さじ1/2

❶鍋に水、砂糖、プルーンを入れ、煮汁が少し残る程度まで煮ます。火を止めてブランデーを加えます。

❷柿を8つ割りにし、①に加えて1時間ほどつけます。

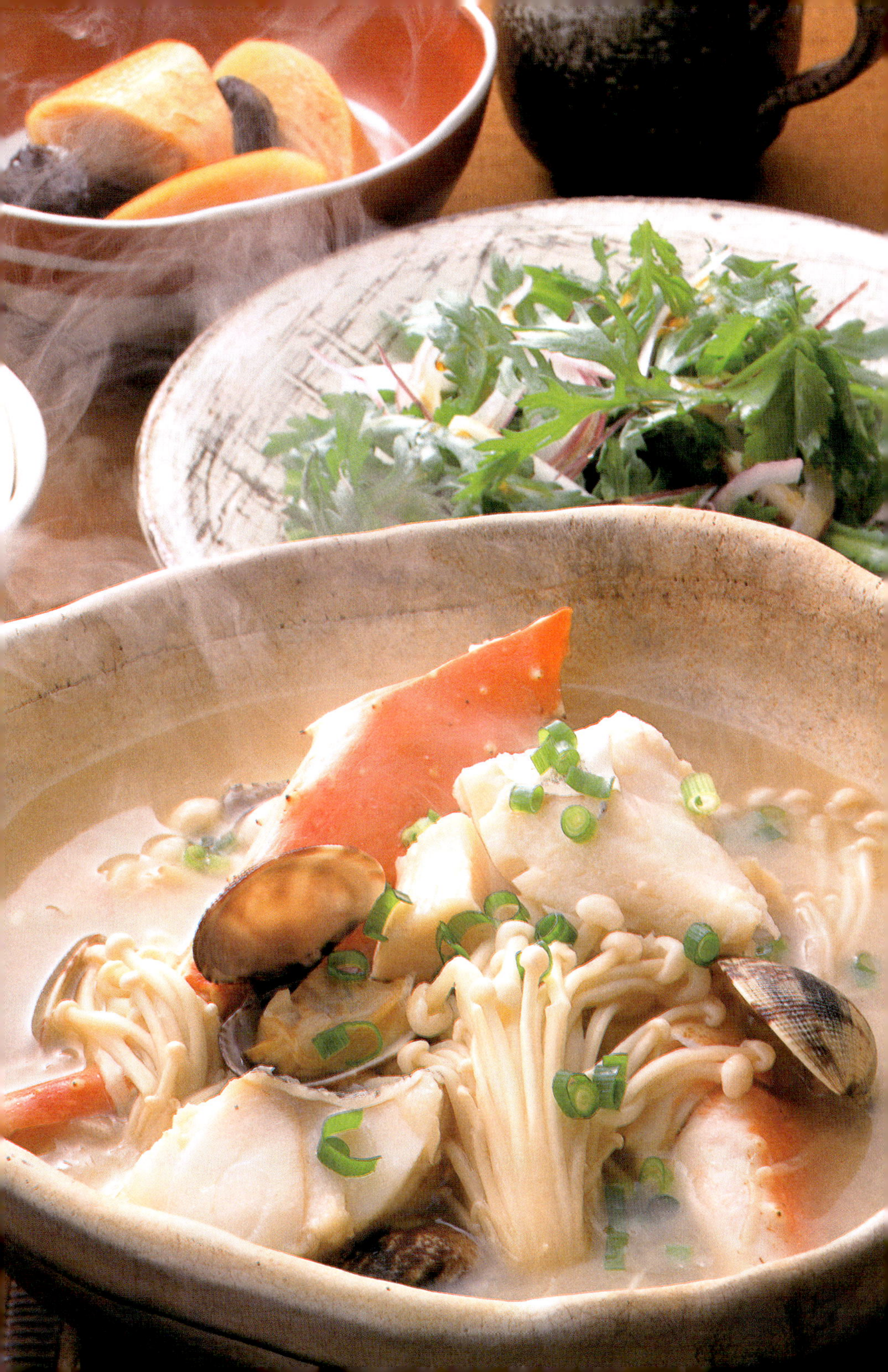

冬の食卓　肉厚のほたてが手に入ったら、これ

1人分557kcal/塩分4g

帆立とピーマンの網焼き（2人分）

108kcal/1g

ほたて貝柱(生食用)	6個
A しょうゆ	小さじ1
酒	小さじ1
みりん	小さじ1
ピーマン(赤)	小1個(40g)
焼きのり	½枚

❶ほたてをAに15分ほどつけます。
❷ピーマンは縦半分に切ります。
❸グリルや焼き網で、①、②を強火で焼きます。ほたては半生程度にします。
❹のりを細切りにし、ほたてにまぶします。ピーマンをひと口大に切って添えます。

牛ばらと大根の煮もの（2人分）

171kcal/1.3g

牛ばら肉(焼肉用)	120g
だいこん	200g
ねぎ	½本
しょうが	1かけ(10g)
サラダ油	大さじ½
A 水	カップ1
砂糖	大さじ½
酒・しょうゆ	各大さじ1
酢	大さじ½

❶だいこんは1cm厚さの、半月またはいちょう切りにします。ねぎは3cm長さのぶつ切りに、しょうがは薄切りにします。肉は3cm長さに切ります。
❷鍋に油を熱し、しょうが、ねぎをいためます。肉、だいこんを加えていため、油がまわったら、Aを加えます。
❸中火で、煮汁が少なくなるまで煮ます。

かぶ と きんかんの甘酢あえ（2人分）

30kcal/0.2g

かぶ	中1個(100g)
塩	小さじ⅙
かぶの葉	25g
きんかん	2個
A 酢	大さじ1
砂糖	小さじ1

❶かぶは薄切りにし、塩をふって、しんなりしたら水気をしぼります。かぶの葉はゆでて、3cm長さに切ります。
❷きんかんは横半分に切って種をとり、3mm厚さの輪切りにします。さっとゆでます。
❸Aを合わせ、①、②をあえます。

菜めし（2人分）

224kcal/0.3g

ごはん	300g
だいこんの葉	30g
塩	少々

❶だいこんの葉はゆでて、水気をしぼり、細かく切ります。塩をまぶします。
❷食べる直前に、ごはんに①を混ぜます。

みそ汁（2人分）

24kcal/1.2g

わかめ(塩蔵)10g　えのきだけ½袋(50g)　ねぎ5cm　だしカップ1½　みそ大さじ1

牛ばらと大根の煮ものは、時間があれば、右のレシピより大ぶりに切って、ことこと煮こむと美味です。

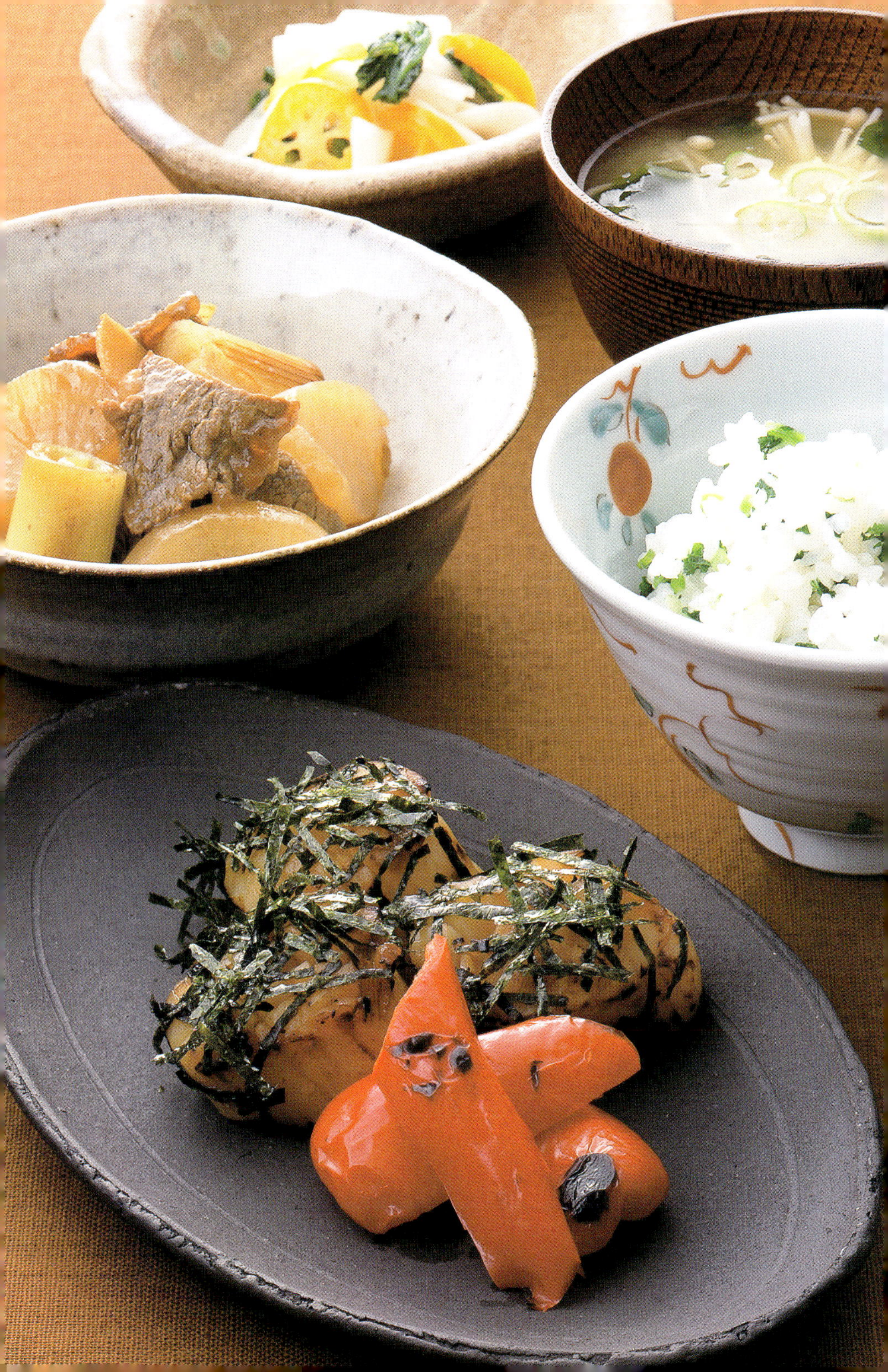

冬の食卓 秋から冬にかけ、鴨肉がおいしい季節

1人分680kcal/塩分3.2g

鴨の治部煮（2人分）
215kcal/1.2g

合鴨肉 …………………… 80g
くず粉(またはかたくり粉)
　………………… 大さじ1
しゅんぎく ……………… 60g
しいたけ ………………… 2個
生麩(もみじまたは梅形)
　………………… 1/4本(50g)
A〔 だし ………… カップ1
　　砂糖 ………… 大さじ1/2
　　酒・しょうゆ…各大さじ1 〕
練りわさび ………… 小さじ1/2

❶肉を3mm厚さほどの薄切りにします。
❷しゅんぎくはゆでて、3cm長さに切ります。しいたけは軸をとり、飾り切りにします。麩は6切れに切ります。
❸鍋にAを煮立て、しいたけ、麩を軽く煮てとり出します。
❹くず粉をつぶして細かくし、肉に薄くまぶします。③の煮汁で、白っぽく火が通るまで煮ます。
❺肉、野菜、麩を盛り合わせ、汁をはって、わさびをのせます。

海老ときゅうりの酢のもの（2人分）
30kcal/0.4g

えび ……………… 2尾(60g)
塩・酒 ……………… 各少々
きゅうり ………………… 1/2本
塩 …………………… 小さじ1/8
A〈砂糖・だし各大さじ1/2　酢大さじ1　塩少々〉

❶えびは背わたをとり、塩、酒を加えた湯でさっとゆでます。殻をとり、長さを半分に切ります。
❷きゅうりは薄い小口切りにし、塩をふって、しんなりしたら水気をしぼります。
❸①、②を盛り、Aを合わせてかけます。

編み笠柚子（作りおき・2人分）
78kcal/0g

ゆず(皮をすりおろした残り部分)
　……………………………… 1個
A〔 水 …………… カップ1/2
　　砂糖 ………… 大さじ4 〕

❶ゆずを半分に切り、中身をくり抜いて除きます。水からゆで、沸とうしたら湯を捨てることを2〜3回くり返します。
❷Aで汁気が少なくなるまで煮ます。
＊昔の編み笠のような形。箸休めとして。

ごはん（2人分）300g
222kcal/0g

粕汁（2人分）
135kcal/1.6g

生さけ1切れ(80g)　塩小さじ1/3　だいこん80g　にんじん30g　さといも1個　ねぎ(小口切り)5cm　だしカップ2　A〈酒かす20g　みそ大さじ1〉

❶さけは約3cm角大に切り、塩をふって10分ほどおき、熱湯にさっと通します。
❷根菜、いもは食べやすい大きさに切ります。
❸だしで①、②を煮ます。煮えたら、Aを煮汁でといて加え、ねぎを散らします。

鴨の治部煮は金沢の郷土料理。人名や地名、じぶじぶ煮るからなど名の由来は諸説あります。とり肉で作っても。

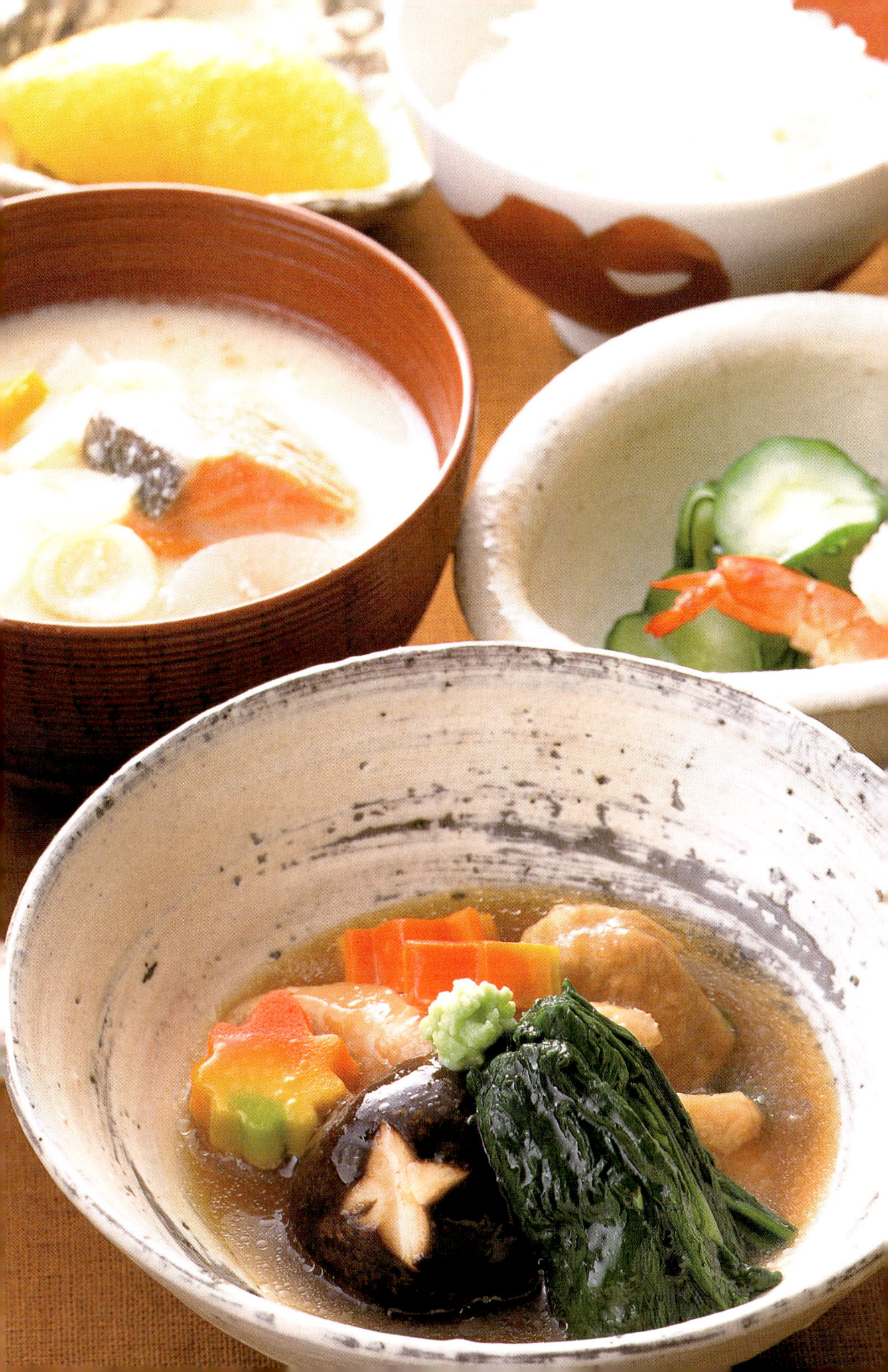

冬の食卓　たらちりに野菜と餅を加え、ゆっくりと味わう

1人分583kcal/塩分3.2g

たらちり（2人分）
459kcal/1.5g

生たら……………2切れ(200g)
もめんどうふ………1丁(300g)
はくさい……………2枚(200g)
水菜 ………………………100g
切りもち………………… 4個
A〈水カップ4　酒大さじ2
　こんぶ10cm〉
[ぽん酢しょうゆ]
　だしカップ1/2　しょうゆ大さじ1 1/2
　こんぶ5cm　レモン汁大さじ1
[薬味]
　万能ねぎの小口切り・だいこんおろし・一味とうがらしなど適量

❶ぽん酢しょうゆのレモン汁以外の材料を鍋に合わせ、ひと煮立ちさせます。さめたら、こんぶは除き、レモン汁を加えます。
❷魚は3cm角くらいに切り、熱湯をかけます。
❸とうふは8等分に、はくさいは4〜5cm角に、水菜は4〜5cm長さに切ります。
❹鍋にAを入れて食卓に用意します。ぽん酢しょうゆと薬味も用意し、②、③、もちを煮ながらいただきます。

くわいの含め煮（2人分）
79kcal/0.8g

くわい……………6個(120g)
　米のとぎ汁……………カップ3
A ┌ だし……カップ1 1/2
　│ 砂糖……小さじ2
　│ 塩………小さじ1/6
　│ しょうゆ…小さじ1 1/2
　└ みりん…小さじ1

❶くわいは芽を1cmほど残して、皮をむきます。鍋に、芽を上にして並べ、米のとぎ汁で5〜6分下ゆでします。
❷続いて、Aで15分くらい煮ます。汁につけたままさまして味を含ませます。

くわいは「芽が出る」といって縁起ものの野菜。正月近くに出回ります。芽を残して皮をむきます。

かぶの明太子あえ（2人分）
45kcal/0.9g

かぶ ……………中1個(100g)
かぶの葉…………………10g
塩…………………小さじ1/6
めんたいこ…………1/4腹(20g)
A ┌ 酢・サラダ油…各小さじ1
　└ 砂糖………………少々

❶かぶは8等分に切り、葉はきざみます。合わせて塩をふり、少しおいて水気を軽くしぼります。
❷めんたいこの皮を除き、Aと混ぜます。かぶをあえて盛り、葉をのせます。

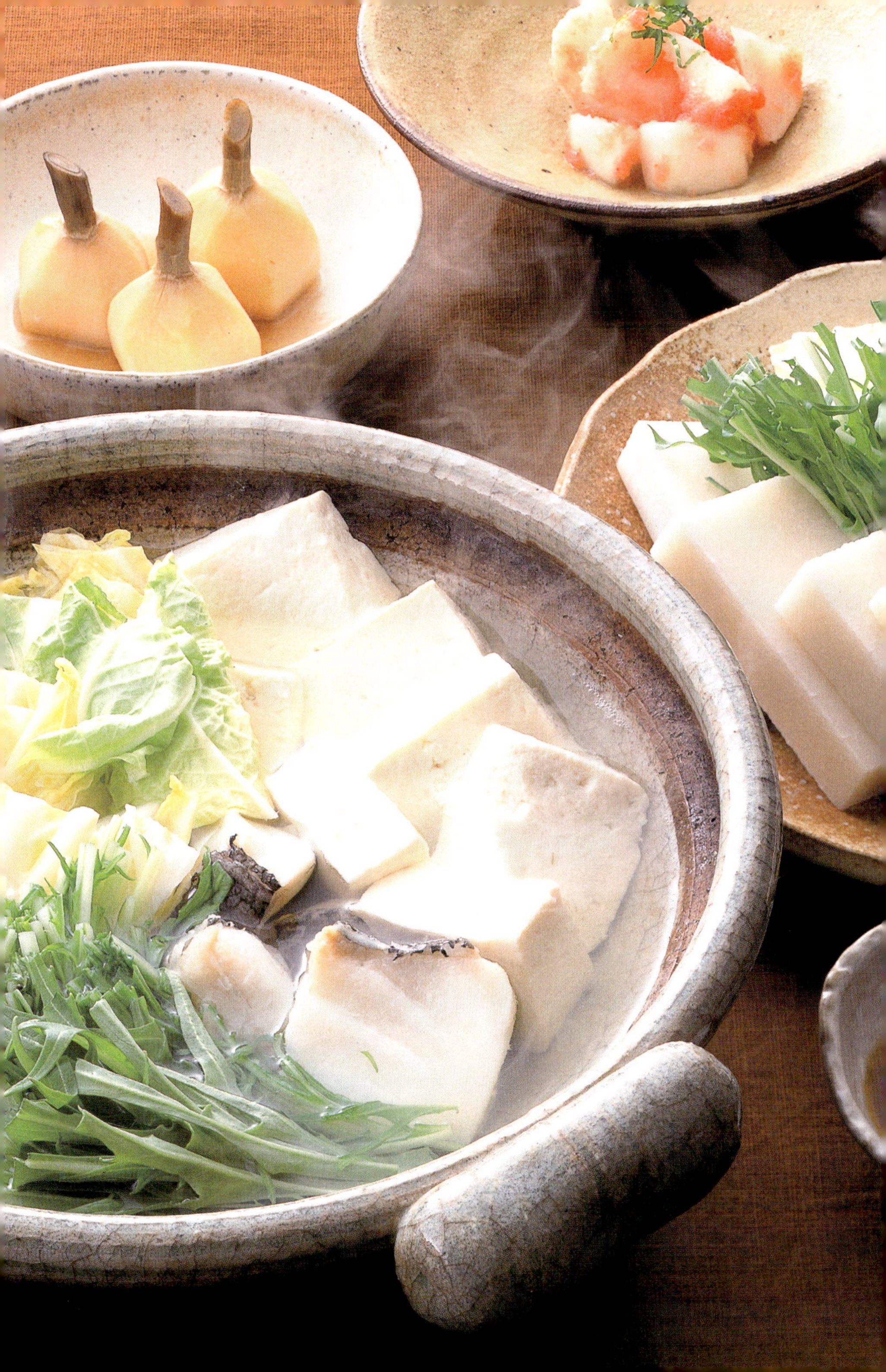

冬の食卓　北海の贅沢丼に、きのこ汁を添えて

1人分680kcal/塩分3.3g

イクラうに丼（2人分）
447kcal/1g

ごはん	400g
イクラ	80g
うに	4片
みつば	30g
焼きのり	1/2枚
いりごま(白)	大さじ1

❶みつばはゆでて、2cm長さに切ります。のりは細かくちぎります。
❷温かいごはんに、のり、ごまを混ぜ、器に盛ります。みつばを散らし、イクラ、うにをのせます。

焼き生揚げ（2人分）
153kcal/0.4g

生揚げ	1枚(200g)
チンゲンサイ	1株(120g)
A〔だし	カップ1/2
酒・しょうゆ	各小さじ1〕
しょうが	1かけ(10g)

❶チンゲンサイはゆでます。3cm長さに切り、軸は幅を2～3つに切ります。
❷生揚げは、熱湯をかけて油抜きします。水気をふき、グリルや焼き網で少しこげめがつくくらいに焼きます。4つに切ります。
❸Aを煮立てます。チンゲンサイ、生揚げを器に盛り、Aをかけます。しょうがをすりおろして、のせます。

百合根の梅肉あえ（2人分）
55kcal/0.8g

ゆり根	中1個(100g)
A〔梅干し(減塩)	2/3個分(10g)
砂糖	小さじ1/6
だし	小さじ1〕

❶ゆり根は、1枚ずつはがし、かためにゆでます。
❷梅肉をきざんでAを合わせ、ゆり根をあえます。

きのこ汁（2人分）
25kcal/1.1g

きのこ(数種合わせて)合計120g　ねぎ5cm　だしカップ1 1/2　みそ大さじ1

百合根は文字どおり食用の百合の球根。ほろ苦い味と、いものようなほくほくした食感が身上です。

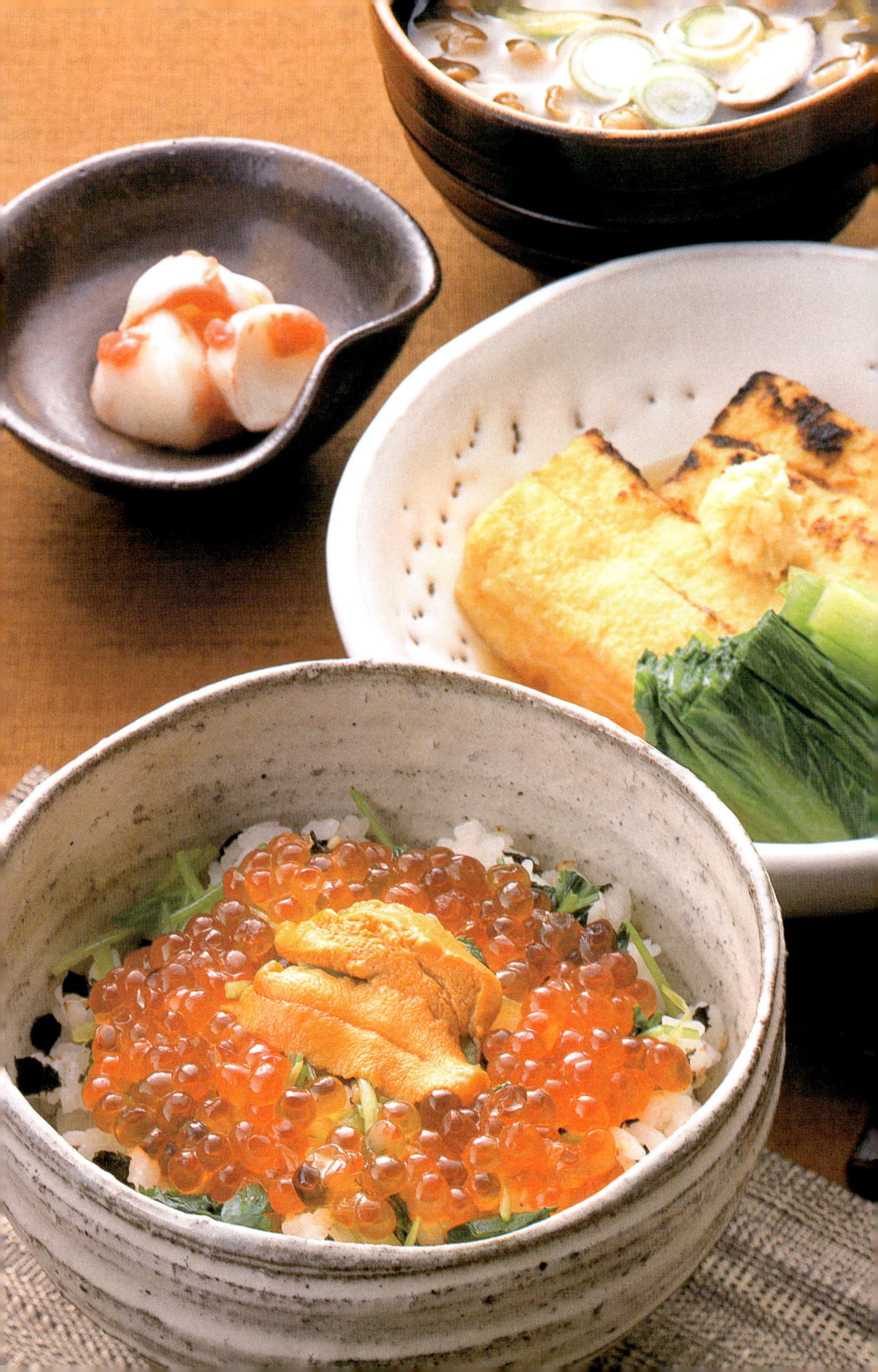

冬の食卓　冬至のころから、柚子が主役に

1人分649kcal/塩分3g

鮭の柚庵(ゆうあん)焼き（2人分）
202kcal/1.6g

生さけ …………… 2切れ(200g)
ゆず ……………… 1/2個(60g)
A ┌ 酒 ………………… 大さじ1
　├ みりん …………… 大さじ1
　└ しょうゆ ………… 大さじ1
ぎんなん ………………… 6個

❶ゆずは、皮少々を飾り用にみじん切りにします。残りの皮はすりおろし、汁をしぼって、Aと混ぜます。これに魚をつけて20分ほどおきます。
❷ぎんなんは殻を割り、中身をゆでて薄皮をむきます。ようじに刺します。
❸魚、ぎんなんを焼きます。つけ汁は少し煮つめ、魚が焼けてきたら、はけで2〜3回塗って焼きあげます。ゆずを散らします。

白菜と豚肉の重ね蒸し（2人分）
182kcal/0.5g

はくさい ……… 2〜3枚(200g)
豚ばら肉(薄切り) ………… 70g
しょうが ………… 1かけ(10g)
サラダ油 ……………… 小さじ1
塩 …………………… 小さじ1/6
けずりかつお ……………… 5g
酒 ………………… カップ1/4

❶はくさいは4cm長さのざく切りに、しょうがはせん切り、豚肉は2cm幅に切ります。
❷鍋に油を温め、1/2量ずつ、はくさい、肉、塩、けずりかつおを入れて、2段重ねます。上にしょうがをのせ、酒をふりかけてふたをします。弱めの中火で10分ほど蒸し煮にします。

せりのくるみあえ（2人分）
27kcal/0.2g

せり ……………… 1/2束(75g)
A ┌ くるみ(すったもの)大さじ1
　├ だし ……………… 小さじ1
　├ しょうゆ ………… 小さじ1/2
　└ 砂糖 ………………… 少々

❶せりはゆでて、3cm長さに切ります。
❷Aを合わせ、せりをあえます。

ごはん（2人分）300g
222kcal/0g

すまし汁（2人分）
16kcal/0.7g

しめじ1/3パック(30g)　麸(ふ)6g　ねぎ5cm　だしカップ1 1/2　塩小さじ1/6　しょうゆ小さじ1/2

江戸時代の茶人、北村祐庵が考案した料理が祐庵焼き。幽庵とも、柚子を使うために柚子とも書かれます。

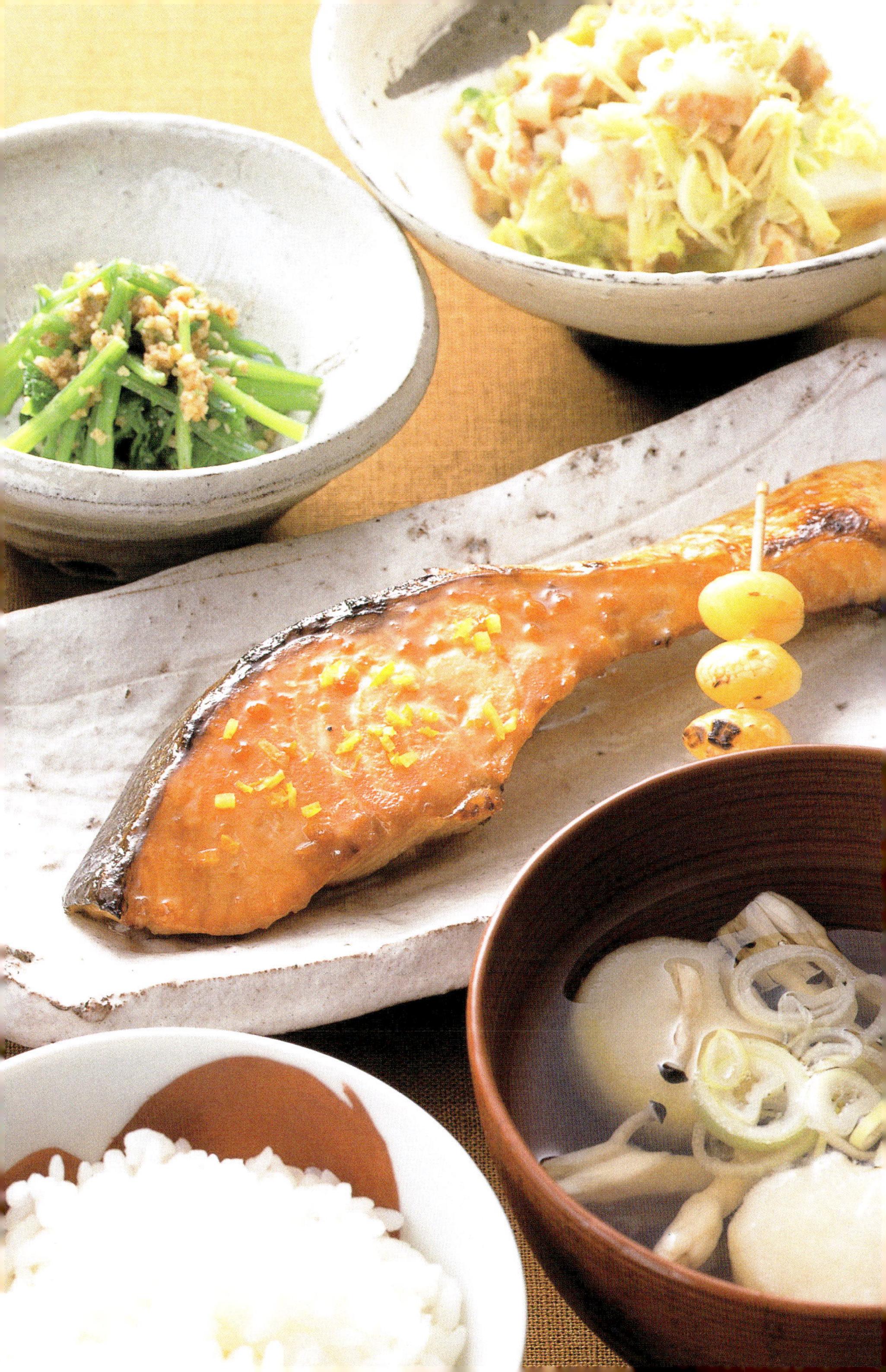

冬の食卓　たっぷりの大根おろしもごちそう

1人分668kcal/塩分4g

とり肉のおろし煮（2人分）
208kcal/1.4g

- とりもも肉（皮なし）……150g
- 塩………………………少々
- くず粉（またはかたくり粉）
  ………………大さじ1½
- 揚げ油……………………適量
- だいこん………………350g
- A
  - だし……………カップ1
  - 砂糖…………大さじ½
  - 酒・しょうゆ…各大さじ1
- 万能ねぎ……………………3本
- （好みで）一味とうがらし少々

❶だいこんはすりおろし、軽く水気をきります。万能ねぎは3～4cm長さに切ります。
❷くず粉をつぶして細かくします。とり肉をひと口大に切り、塩をふって、くず粉を薄くまぶします。
❸揚げ油を中温（約170℃）に熱し、とり肉を3～4分揚げます。
❹鍋にAを煮立て、揚げた肉を入れ、再び煮立ったら、だいこんおろしを加えて火を止めます。ねぎをのせます。

たこサラダ（2人分）
76kcal/0.6g

- ゆでだこ…………………50g
- しその葉…………………5枚
- エンダイブ………………30g
- A
  - 酢………………大さじ1
  - しょうゆ………大さじ½
  - こしょう…………少々
  - オリーブ油……大さじ1

❶たこは食べやすい大きさに切ります。
❷Aを合わせ、たこを5分ほどつけておきます。
❸エンダイブはひと口大にちぎります。しそは細切りにし、水にさらして水気をきります。
❹器に、③とたこを盛り、Aをかけます。

豆昆布（2人分）
112kcal/0.9g

- 大豆（水煮缶詰）……………80g
- にんじん…………………25g
- こんぶ……………………5cm
- しょうが………1かけ（10g）
- A
  - 砂糖…………大さじ1½
  - しょうゆ………大さじ½

❶こんぶは、1cm角にはさみで切ります。にんじんは7～8mm角に切り、しょうがはせん切りにします。
❷鍋に、水カップ1、大豆、①を入れます。煮立ったら、Aを加えて弱火にし、落としぶたをして、煮汁がほぼなくなるまで煮ます。

ごはん（2人分）300g
222kcal/0g

みそ汁（2人分）
50kcal/1.1g

かぼちゃ100g　ねぎ5cm　だし カップ1½　みそ 大さじ1

豆とごぼう、かぼちゃなどの野菜は、食物繊維が豊富です。たくさんとって、便秘や大腸がんの予防に。

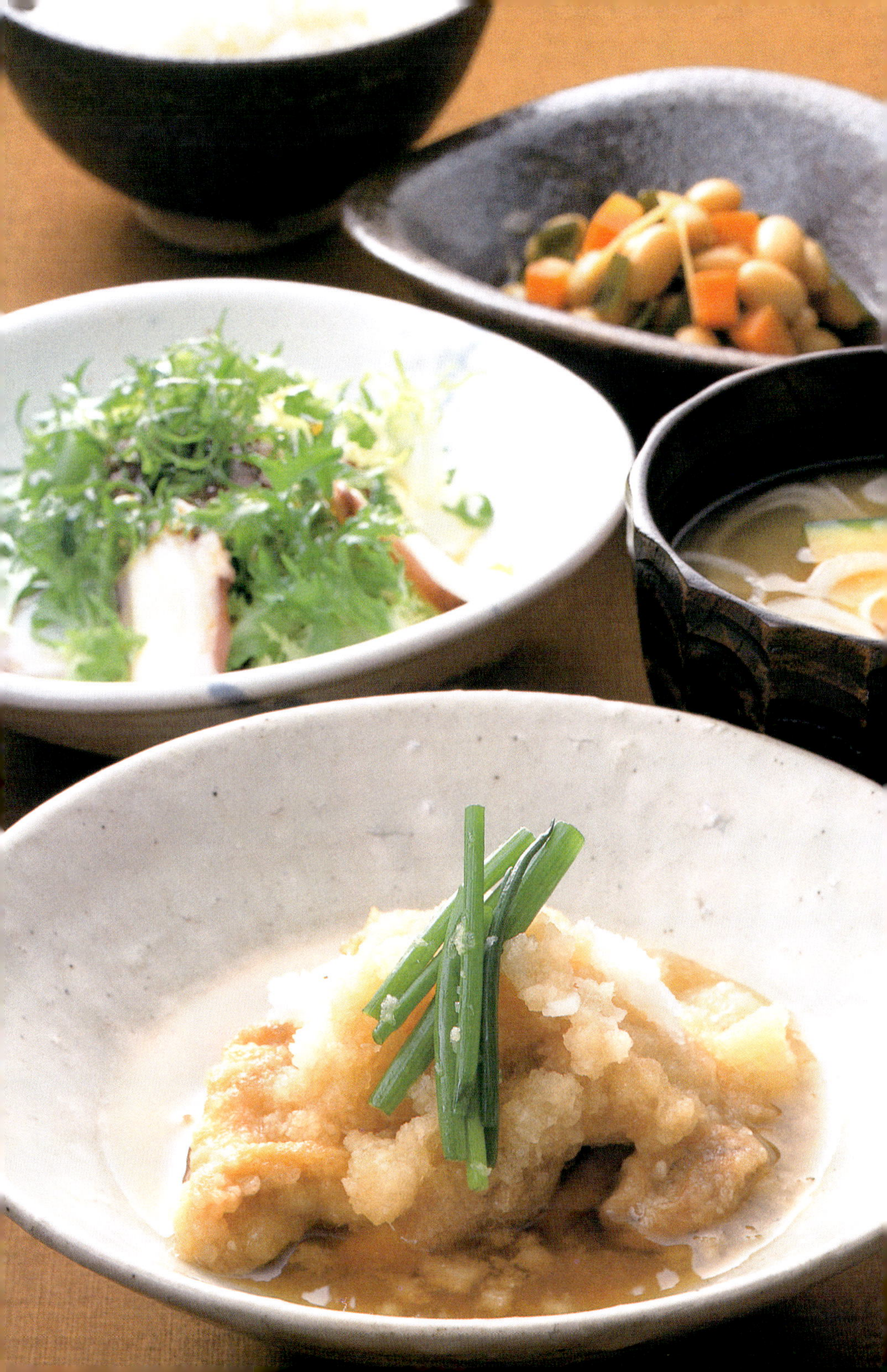

冬の食卓　冬牡蠣は、まず酢牡蠣から

1人分659kcal/塩分4g

子もちかれいの煮つけ（2人分）
185kcal/2.3g

子もちかれい……2切れ（300g）
さやいんげん……………………6本
A ┌ 水………………………カップ½
　├ 酒………………………カップ½
　├ みりん……………………大さじ3
　└ しょうゆ…………………大さじ2
しょうが（薄切り）………1かけ（10g）

❶鍋にAを煮立て、しょうが、魚を並べ入れます。再び沸とうしたら煮汁を2～3回かけて、中火にし、落としぶたをして、煮汁が約半量になるまで12～13分煮ます。途中で煮汁を2～3回かけます。
❷いんげんはゆでて、半分に切ります。
❸魚をとり出し、②をさっと煮て添えます。

牡蠣のみぞれ酢（2人分）
67kcal/0.6g

かき（生食用）……6～7個（80g）
┌ だいこんおろし…………200g
└ レモン（またはゆず）汁……大さじ1
せり……………………⅓束（50g）
ゆずの皮………………………少々
A〈だいこんおろし300g　砂糖・酢各小さじ2　塩 小さじ⅙〉

❶かきは、だいこんおろし200gを混ぜて汚れをとり、水で洗って、ざるにとります。
❷熱湯に、①をざるごとさっとつけて水気をきり、すぐレモン汁をかけます。
❸せりはゆで、水にとって、2cm長さに切ります。ゆずの皮はせん切りにします。
❹Aを合わせ、かき、③をあえます。

きんかん砂糖煮（作りおき・500g/24個分）
3個分86kcal/0g

きんかん……………………500g
砂糖…………………………150g

＊縦に切りこみを細かく入れ、2～3分下ゆでします。上下をつぶして種を出します。カップ1の水で、砂糖を2～3回に分けて加えながら30分ほど煮、汁ごとさまします（2～3週間冷蔵保存可）。

ごはん（2人分）300g
222kcal/0g

けんちん汁（2人分）
99kcal/1.1g

もめんどうふ………¼丁（70g）
干ししいたけ………………2個
ごぼう………………………30g
さといも…………………中1個
だいこん……………………70g
にんじん……………………30g
ねぎ（小口切り）……………5cm
ごま油……………………小さじ1
A〈酒大さじ1½　塩小さじ⅙　しょうゆ大さじ½〉

❶しいたけはもどし、もどし汁とだし（材料外）を合わせてカップ2にします。
❷ごぼうは斜め薄切りにして水にさらします。しいたけは5mm幅の細切りに、さといもは5mm厚さの輪切りにします。だいこん、にんじんはいちょう切りにします。
❸鍋に油を熱し、②をいためます。とうふをくずしながら加え、さらにいためます。①のだしを加え、アクをとって煮ます。
❹Aを加えて調味し、ねぎを散らします。

けんちん汁は禅僧が中国から伝えた普茶料理に由来し、繊に切った野菜類を湯葉で巻く"巻繊"から。鎌倉の建

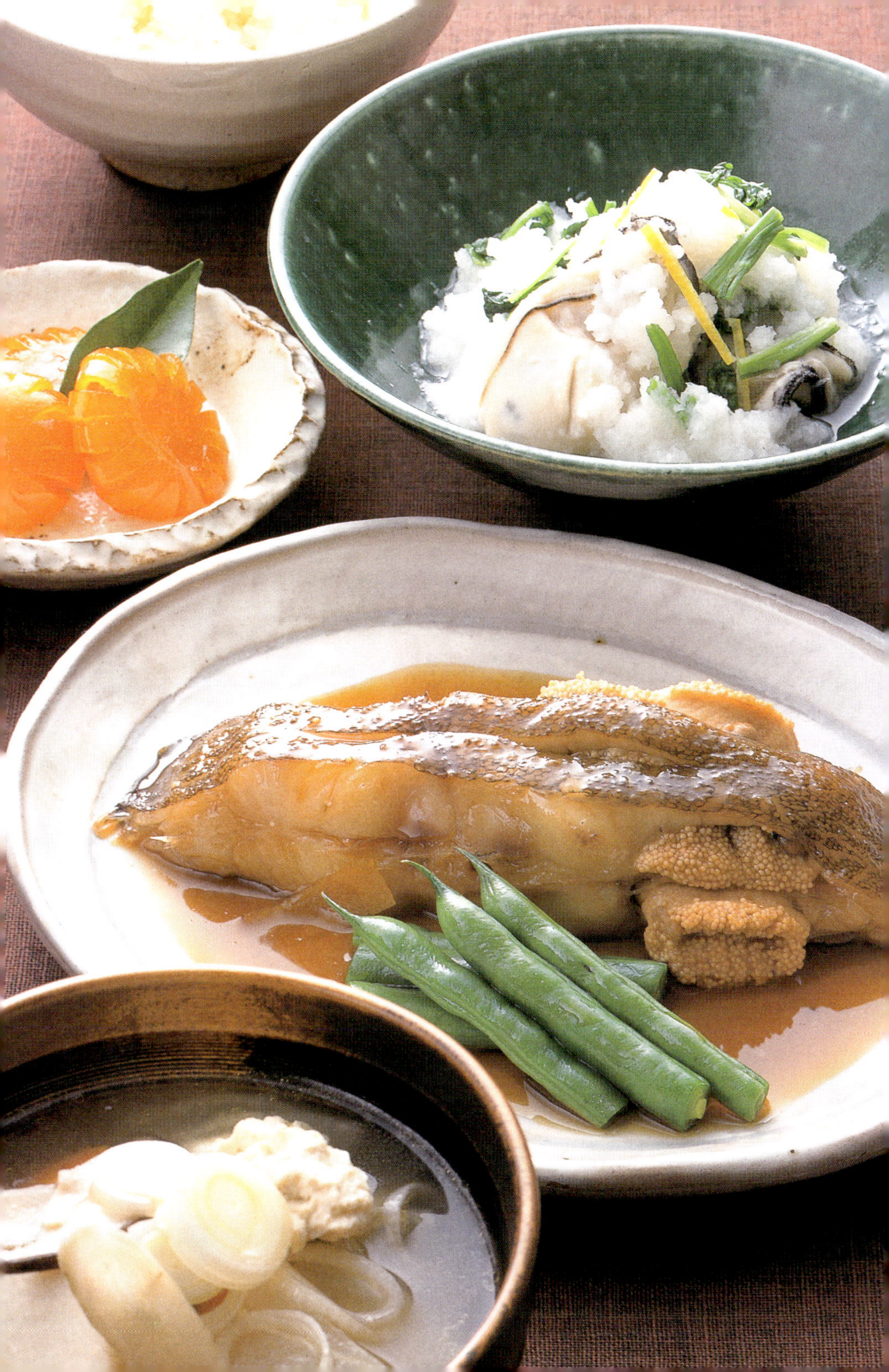

冬の食卓　寒ぶりが旬。かまのうま味は格別です

1人分670kcal/塩分4g

寒ぶり かまの塩焼き（2人分）
323kcal/1.1g

- ぶりかま………小2切れ（300g）
- 塩……………………小さじ¾
- 菜の花……………¼束（50g）
- A［しょうゆ…………小さじ⅓
　　だし………………小さじ1］
- だいこん………………………100g

❶魚は塩をふり、20分ほどおきます。
❷魚の水気をふき、焼きます。
❸菜の花はゆでて、4cm長さくらいに切ります。Aであえます。
❹だいこんはすりおろし、軽く水気をきります。③とともに魚に添えます。

ふろふき大根（2人分）
75kcal/1.7g

- だいこん………………………7〜8cm
- 米のとぎ汁……………………適量
- こんぶ……………………………3cm
- A［砂糖………………大さじ1
　　赤みそ……………大さじ2
　　みりん・だし……各大さじ1½］
- ゆずの皮（すりおろし）…………少々
- （飾り用）ゆずの皮のせん切り……少々

❶だいこんは3〜4cm厚さの輪切りにし、皮をむいて面とりをし、下に十文字の切り目を入れます。
❷米のとぎ汁で約10分下ゆでします。
❸鍋に、こんぶ、だいこん、かぶるくらいの水を入れ、やわらかくゆでます。
❹別鍋にAを入れ、弱火にかけて混ぜ、とろりとさせます。ゆずの皮を加えます。
❺だいこんに④をかけ、ゆずを飾ります。

白菜の柚子味（2人分）
17kcal/0.5g

- はくさい…………………………150g
- にんじん……………………………20g
- 塩……………………………小さじ¼
- ゆずの皮………………………½個分
- A［しょうゆ…………小さじ½
　　ゆずのしぼり汁+酢…大さじ½］

❶にんじん、ゆずの皮はせん切りにします。
❷はくさいは、軸は厚みをそいで全部を4〜5cm長さに切ります。さっとゆでます。
❸にんじん、はくさいそれぞれに塩をふり、しんなりしたら水気をしぼります。
❹ゆずの皮を加え、Aであえます。

赤飯（5人分）
251kcal/0g

- もち米…米用カップ2（360cc）
- 赤飯用ささげ豆（水煮したものなど）………………………50g
- 水…………………………………220cc
- いりごま（黒）……………………少々

❶もち米は洗って、たっぷりの水に1時間以上つけます。水気をよくきります。
❷炊飯器に入れ、分量の水、ささげを加えて炊きます。＊ささげは商品によって、浸水が必要なものなどあり、表示にしたがってください。

すまし汁（2人分）
4kcal/0.7g

えのきだけ⅓袋（30g）　みつば3本　だしカップ1½　塩小さじ⅙　しょうゆ小さじ½

"ふろふき"は、漆器の職人が、冬場は乾きがよくないので、大根のゆで汁を風呂（乾燥用戸棚）に吹いて乾燥

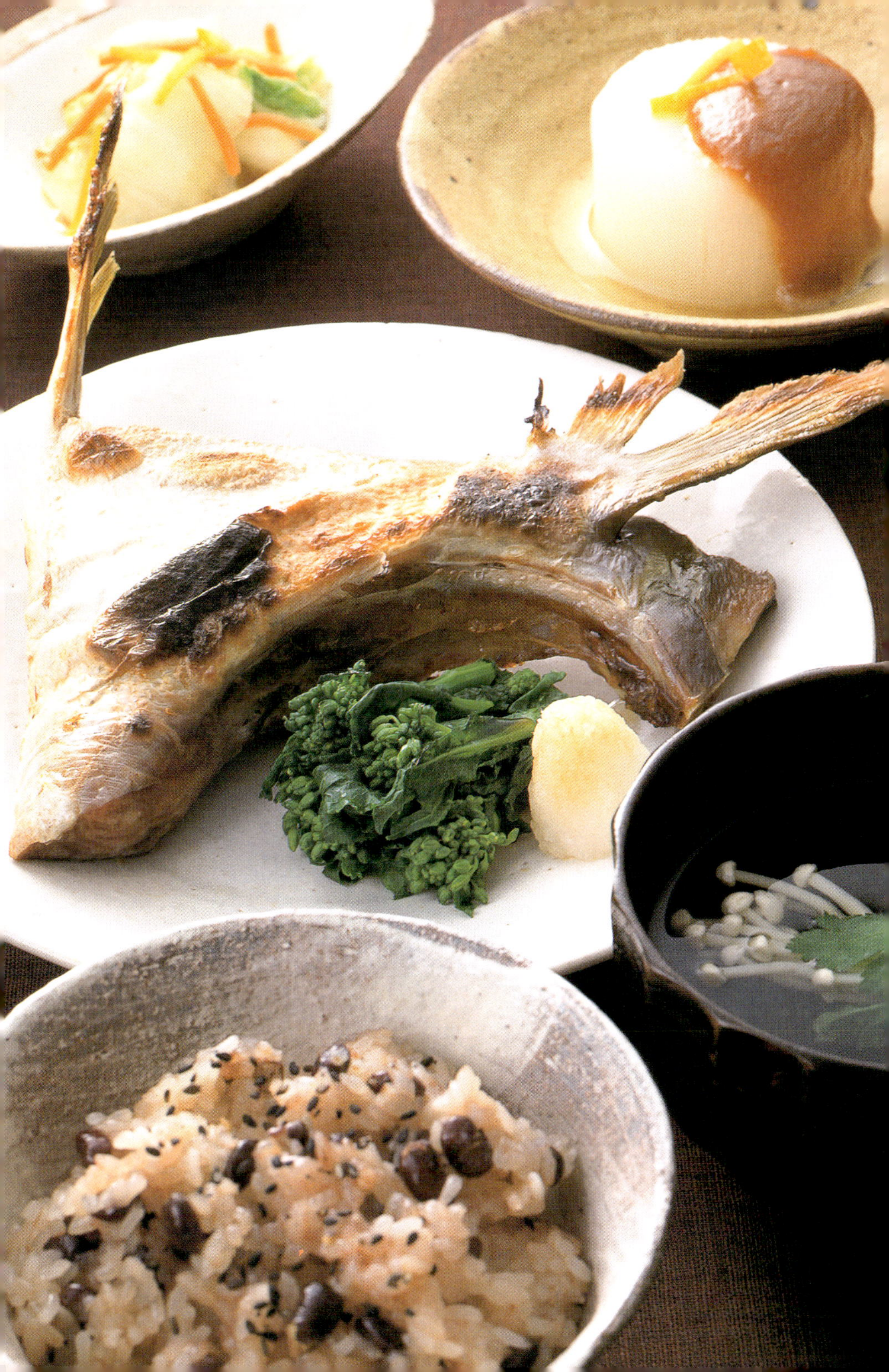

冬の食卓　濃厚な味つけのうどんで、体が芯から温まる

1人分555kcal/塩分3.8g

みそ煮こみうどん（2人分）

457kcal/3g

- ゆでうどん……… 2玉（500g）
- だし（濃いめにとる）…800cc
- 豆みそ（八丁みそなど）……大さじ3
- みりん……………小さじ1
- とりむね肉……………50g
- 　酒………………小さじ1/2
- 卵………………………2個
- ねぎ……………………30g
- つまみな………………20g
- かまぼこ…………4切れ（20g）
- 七味とうがらし…………少々

❶ねぎは斜めに薄く切ります。とり肉はひと口大のそぎ切りにし、酒をふります。

❷1人分ずつの土鍋に、だしを入れ、みそをみりんでといて加えます。とり肉を加えて煮立て、アクをとります。

❸うどんを加えて温め、卵、ねぎ、つまみな、かまぼこをのせます。七味をふっていただきます。

きのこのみぞれあえ（2人分）

21kcal/0.3g

- しいたけ…………………2個
- えのきだけ………1/2袋（50g）
- だいこん…………………150g
- A　砂糖…………小さじ1/3
- 　　酢……………小さじ2
- 　　塩……………少々

❶しいたけは石づきをとり、えのきは根元を落として大きく分けます。グリルか焼き網できのこを焼きます。しいたけは細切りに、えのきは半分に切ります。

❷だいこんはすりおろし、軽く水気をきります。Aを混ぜ、きのこをあえます。

赤かぶの漬けもの（市販）（2人分）20g

3kcal/0.5g

りんごの梅酒煮（作りおき・2人分）

74kcal/0g

- りんご……………1/2個（150g）
- A　砂糖…………大さじ1/2
- 　　梅酒…………大さじ3
- 　　水……………カップ1/2
- 梅酒の梅………………少々

❶りんごは皮をむき、4等分に切ります。Aと鍋に入れ、弱火で10分ほど煮ます。

❷梅酒の実をせん切りにして加え、冷やします（4～5日冷蔵保存可）。

小さな土鍋は、鍋もの、おかゆにと使えて便利です。土鍋は底をぬらすと割れることもあるので、よくふいて。

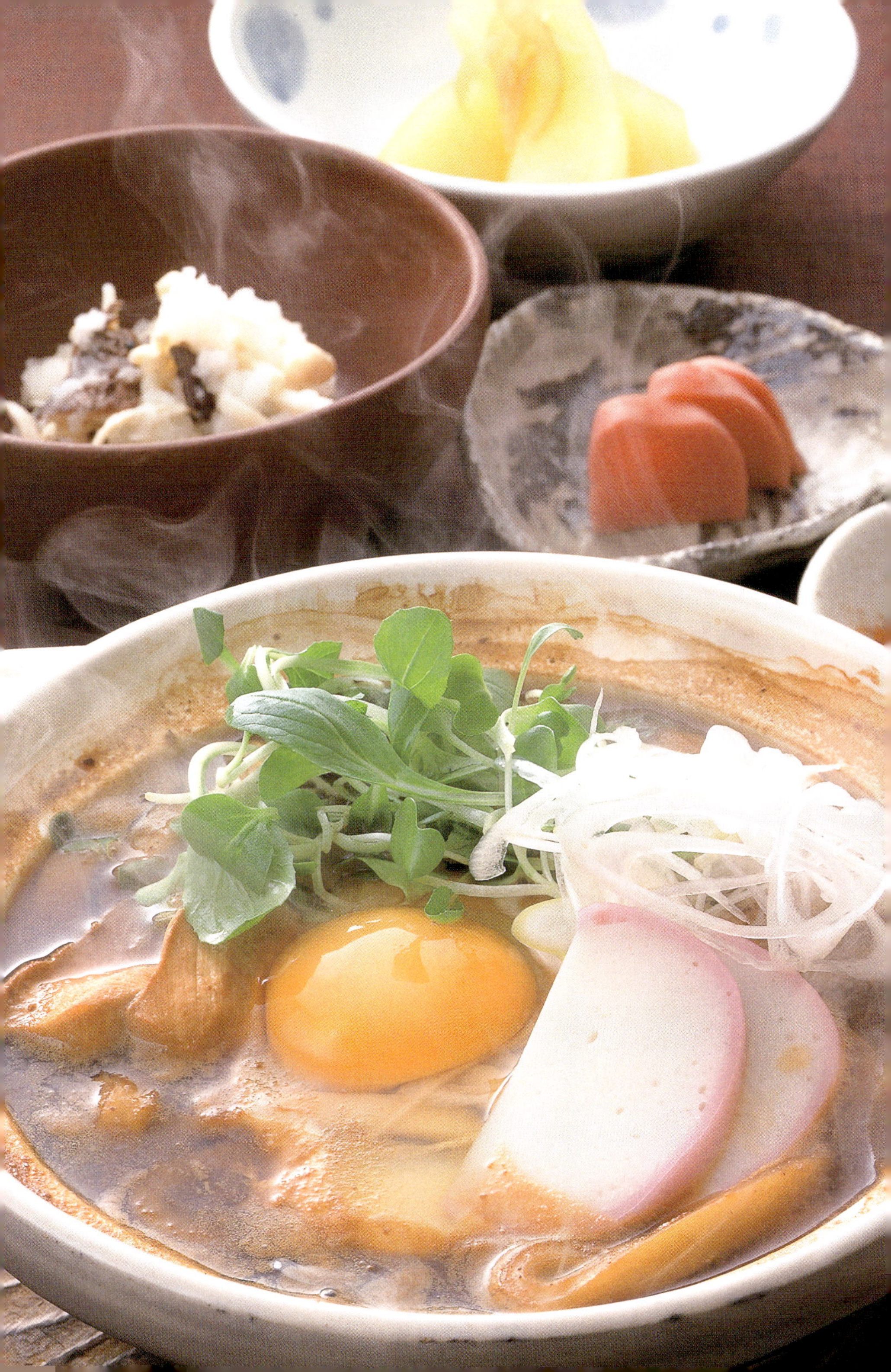

冬の食卓　温かさにほっとする冬の茶碗蒸し

1人分672kcal/塩分4g

鯛の粕漬け（市販・2人分）
156kcal/1.4g

たいの粕漬け（市販）……2切れ（210g）
長いも……………5cm長さ（60g）
ゆかり………………………少々

❶魚は、表面の粕をふきとって、焼きます。
❷長いもは、拍子木切りにし、薄い酢水（材料外）につけます。
❸魚を盛り、②を添えてゆかりを飾ります。
[粕漬けを作る場合]　魚に塩小さじ1をふって20分おきます。水気をふいて粕床に漬けます。密閉容器に入れ、冷蔵庫で2～3日漬けます。〈粕床／酒粕150g　砂糖大さじ1　酒大さじ4　みりん大さじ2　塩小さじ1/2／クッキングカッターにかけるか混ぜる〉

かぶと生揚げの煮もの（2人分）
126kcal/1.2g

かぶ……………中2個（200g）
かぶの葉………………100g
生揚げ……………1/2枚（100g）
A ┌ だし……………カップ1
　├ 酒・みりん……各大さじ2
　├ しょうゆ………大さじ1
　└ 塩………………………少々

❶かぶは茎を2cm残し、皮をむいて縦半分に切ります。葉はゆでて、水にとって水気をしぼり、4cm長さに切ります。
❷生揚げは熱湯をかけ、4等分に切ります。
❸Aを煮立て、生揚げを3～4分煮ます。かぶの実を加えてやわらかく煮、最後に葉を加えてさっと煮ます。

黒豆（市販）（2人分）35g
33kcal/0.1g

ごはん（2人分）300g
222kcal/0g

茶碗蒸し（2人分）
135kcal/1.3g

卵………………………2個
A ┌ だし……………カップ1と1/2
　├ みりん…………小さじ1
　├ 塩………………小さじ1/3
　└ 薄口しょうゆ…小さじ1/3
えび……………2尾（60g）
焼きあなご……1本（35g）
しめじ……1/4パック（25g）
ゆり根…………………4片
みつば（3cm長さに切る）
…………………………2本

❶Aはひと煮立ちさせ、さまします。
❷えびは背わたと殻をとります。焼きあなごは、ひと口大のそぎ切りにします。
❸しめじは小房に分けます。ゆり根は、さっとゆでます。
❹卵をほぐし、Aと合わせてこします。茶碗に、②、③、みつばの茎を入れ、卵液をそそぎます。
❺蒸気の立った蒸し器に入れます。強めの中火で約3分蒸し、表面が白っぽくなったら弱火にして10分蒸します。蒸し終わりに、みつばの葉をのせます。

茶碗蒸しは、2～3分強火で蒸して、白っぽくなったら弱火にします。すをたたせないポイントです。

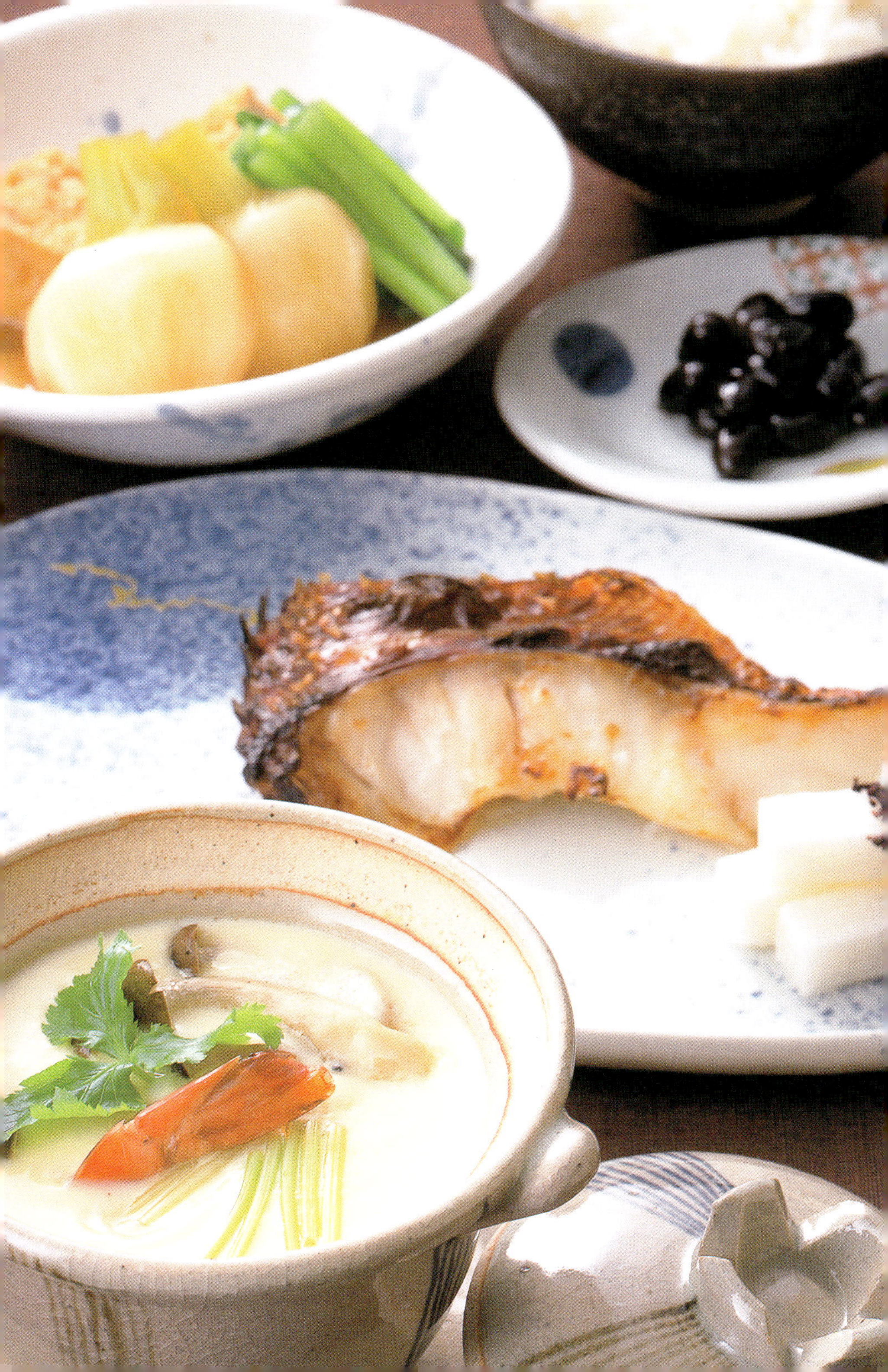

冬の食卓 牡蠣フライをわさびマヨネーズでいただく

1人分655kcal/塩分3.4g

牡蠣フライ（2人分）
311kcal/0.8g

かき	120g
しその葉	6〜7枚
グリーンアスパラガス	3本（60g）
レモン（くし形切り）	1/2個

［フライ衣］
- 小麦粉……大さじ1
- 卵1/2個＋水大さじ1
- パン粉……大さじ3

揚げ油……適量

A
- マヨネーズ……大さじ1 1/2
- 白ワイン……小さじ1
- 練りわさび……小さじ1/2
- 万能ねぎ（小口切り）……2本

❶アスパラはかたい皮をむき、半分に切ります。Aは合わせます。
❷かきに、しその葉を巻き、衣を順につけます。
❸揚げ油を高温（180℃）に熱し、アスパラを素揚げします。続いて、かきを揚げます。レモン、Aを添えます。

鮭のワインなます（2人分）
53kcal/1.1g

- スモークサーモン……2枚（30g）
- 酒・酢……各少々
- オクラ……2本
- だいこんおろし……150g

A
- 白ワイン……大さじ1 1/2
- 砂糖・酢……各小さじ1
- 塩……少々

❶サーモンは4〜5cm長さに切ります。酒、酢をふります。
❷オクラは塩少々（材料外）でもみ、さっとゆでて、小口切りにします。
❸だいこんおろしは、軽く水分をきって、Aと混ぜ、サーモンをあえます。食べる直前にオクラを混ぜます。

カリフラワーのカレー風味（2人分）
46kcal/0.4g

- カリフラワー……150g
- 酢……小さじ1

A
- フレンチドレッシング……大さじ2
- カレー粉……小さじ1/2

❶カリフラワーを小房に分けます。酢を加えた湯でゆでます。
❷Aであえます。

ごはん（2人分）300g
222kcal/0g

みそ汁（2人分）
23kcal/1.1g

だいこん50g　ねぎ5cm　だしカップ1 1/2　みそ大さじ1

英語のつづりにRのつく月は、牡蠣が旬といわれます。

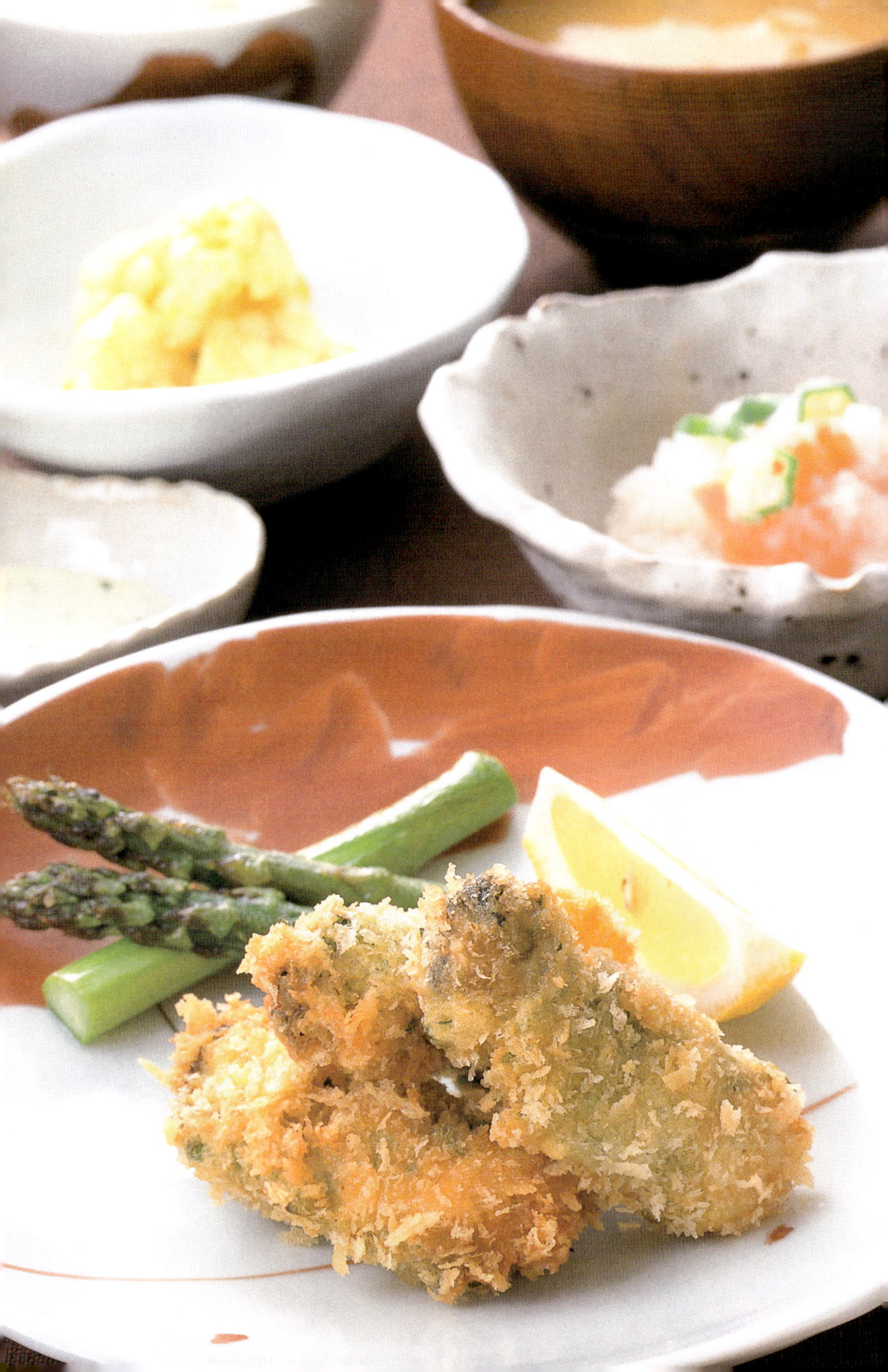

冬の食卓　小粋な白菜鍋で、熱燗も合う

1人分562kcal/塩分3.3g

白菜の牛肉巻き 鍋仕立て（2人分）
264kcal/2.1g

- はくさい（大きい葉）……3〜4枚（300g）
- 牛ロース肉（薄切り）……150g
- 　塩・こしょう………各少々
- かんぴょう…………25cm×6本
- ブロッコリー……1/2株（100g）
- にんじん…………1/2本（100g）
- くずきり……………………30g
- A
  - だし………………カップ4
  - しょうゆ…………大さじ2
  - みりん……………大さじ2
  - 塩…………………小さじ1/6
- ゆずの皮………………少々

❶かんぴょうは水でぬらし、塩少々（材料外）をまぶしてもみ、洗います。くずきりはかためにゆでます。

❷ブロッコリーは小房に分け、にんじんは輪切りにします。

❸はくさいを形のまま、しんなりする程度にゆでます。同じ湯でブロッコリーとにんじんをかためにゆでます。

❹はくさいは、全部を重ねて巻きす全面に厚みを均一に広げ、その上に肉を広げます。塩、こしょうをふり、端から巻きます。かんぴょうで、6か所を結びます。

❺鍋に、A、はくさい巻き、にんじんを入れ、アクをとりながら、10分ほど煮ます。

❻はくさい巻きをとり出して6等分し、土鍋などに、煮汁と入れます。ブロッコリー、にんじん、くずきりを加えて、温めます。ゆずの皮を散らします。

かぶと干し柿の酢のもの（2人分）
64kcal/0.4g

- かぶ……………小2個（150g）
- 　塩………………………小さじ1/6
- 干し柿………………………1/2個
- A〈砂糖大さじ1/2　酢・だし各大さじ1+1/2　塩少々〉

❶かぶは縦半分に切り、薄切りにします。塩をふって少しおき、しんなりしたら水気をしぼります。

❷干し柿は細切りにします。Aを合わせ、かぶと柿をあえます。

ねぎのしば漬け（2人分）
12kcal/0.8g

- ねぎ……………………… 80g
- 赤梅酢……………………カップ1/4
- （好みで）はちみつ………少々

❶ねぎは4〜5cm長さに切り、さっとゆでます。

❷赤梅酢にねぎをつけて、30分以上おきます。好みではちみつを加えてつけます。

ごはん（2人分）300g
222kcal/0g

風邪をひきそうなときは、温かいものを食べて。抗菌、健胃作用のあるしょうがやねぎもあればさらに効果的。

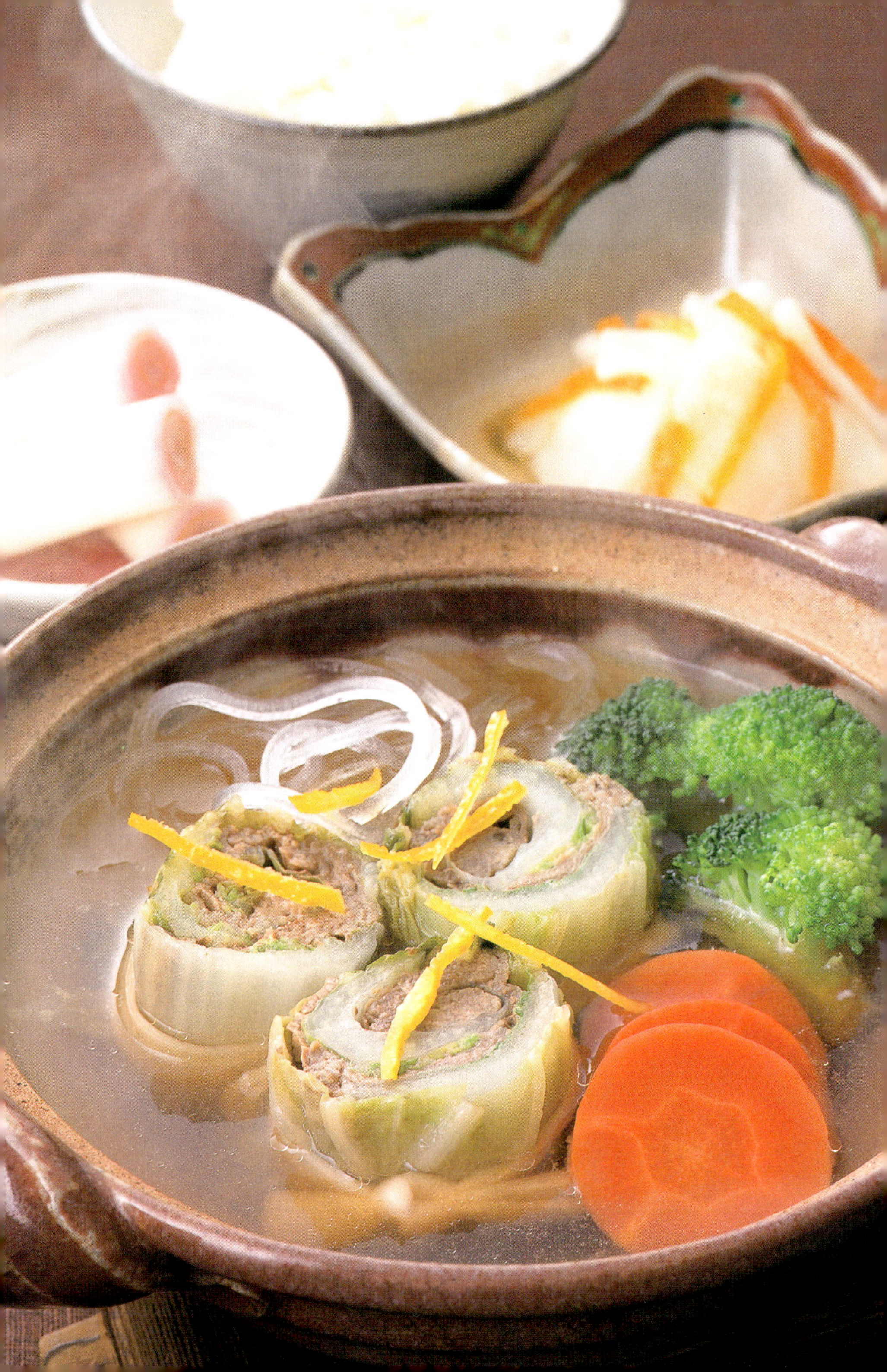

冬の食卓　みそおでん風の根菜を副菜にして

1人分627kcal/塩分3.6g

いわしのジュージュー漬け（2人分）
296kcal/1.5g

いわし	…………	4尾（400g）
A	酢	大さじ1
	酒	大さじ1
	しょうゆ	大さじ½
しょうが	………	小1かけ（5g）
揚げ油	…………………	適量
にんじん	…………………	20g
塩	…………………	少々

❶しょうがをすりおろし、Aとバットに入れます。

❷魚のうろこをこそげ、頭、内臓を除いて洗います。水気をふきます。

❸小さめのフライパンに油を1cm深さほど入れ、魚をこんがりと揚げ焼きします。すぐ①のバットに入れます。

❹にんじんをせん切りにして、塩でもみ、水気をしぼって、添えます。

里いもとれんこんの甘みそかけ（2人分）
93kcal/1.1g

さといも	…………	2個（150g）
れんこん	…………………	80g
A	みそ	大さじ1
	砂糖	大さじ½
	みりん	大さじ½
	だし	大さじ1½
いりごま（黒）	…………………	少々

❶さといもは洗い、ラップで2個包み、電子レンジで約5分加熱します。皮をむき、1cm厚さの輪切りにします。

❷れんこんは皮をむいて、7〜8mm厚さの輪切りにし、酢水（水カップ1に酢小さじ1の割合）にさらします。皿に広げてラップをし、電子レンジで約5分加熱します。

❸鍋にAを入れて弱火にかけ、とろりとするまで練ります。

❹①、②を盛り、Aとごまをかけます。

キャベツとしその浅漬け（2人分）
11kcal/0.3g

キャベツ	…………………	100g
塩	…………………	小さじ¼
しその葉	…………………	3枚

❶キャベツはせん切りにし、塩をふります。しんなりしたら水気をしぼります。

❷しそは細切りにし、水にさらして水気をきります。キャベツと混ぜます。

ごはん（写真はきび入り）（2人分）300g
222kcal/0g

すまし汁（2人分）
5kcal/0.7g

しいたけ2個　こまつな20g　だしカップ1½　塩小さじ⅙　しょうゆ小さじ½

秋から冬にかけて、れんこんがおいしい時期。穴があるので「先が見通せる」と、お節料理では縁起ものです。

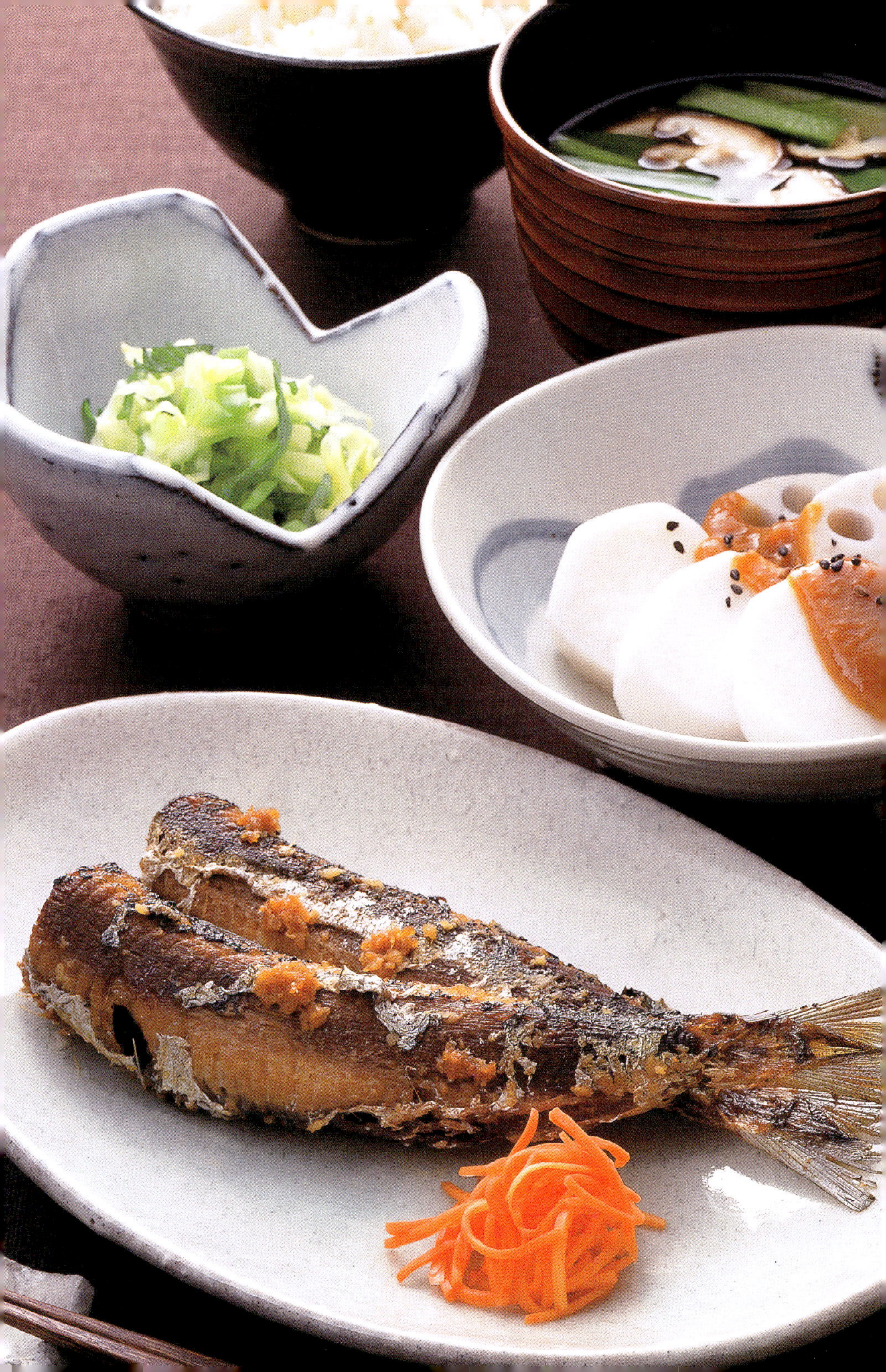

冬の食卓　鍋は素材のよさと、湯気がごちそう

1人分540kcal/塩分3.9g

牡蠣鍋（2人分）　175kcal/2.6g

かき	150g
焼きどうふ	1/2丁（150g）
ねぎ	1本
せり	1/2束（75g）
にんじん	50g
A　だし	カップ2 1/2
薄口しょうゆ	大さじ1 1/2
酒	大さじ2
みりん	小さじ2

[薬味]
かぼす・七味とうがらし……各適量

❶かきは流水でふり洗いします。とうふは6等分に、ねぎは斜めに大きく切ります。せりは2〜3等分に切ります。
❷にんじんは梅形にし、軽くゆでます。
❸鍋にAを温め、①を入れ、にんじんを飾って煮ます。
❹かぼす、七味を添えます。
＊最後に、煮汁にごはんを入れて、雑炊にしてもよいでしょう。

煮なます（2人分）　76kcal/0.5g

れんこん	100g
にんじん	20g
油揚げ	1/2枚
A　だし	カップ3/4
砂糖	大さじ1
酢	大さじ1
しょうゆ	小さじ1

❶れんこんは薄いいちょう切りにし、水にさらします。にんじんは3cm長さの細切りにします。油揚げは熱湯をかけ、細切りにします。
❷鍋に①とAを入れ、煮汁が少なくなるまで10分ほど煮ます。

生野菜のわさび漬け味（2人分）　57kcal/0.4g

セロリ	20g
きゅうり	1/2本
わさび漬け	大さじ1
マヨネーズ	大さじ1

❶セロリ、きゅうりは細長く切り、盛りつけます。
❷わさび漬けとマヨネーズを混ぜ、かけます。

ごはん（2人分）300g　222kcal/0g

やまごぼうのみそ漬け（市販）（2人分）15g　10kcal/0.4g

冬は、水菜、壬生菜、京にんじんなど、京野菜が多く出回ります。鍋ものなどに使ってみてはいかがでしょう。

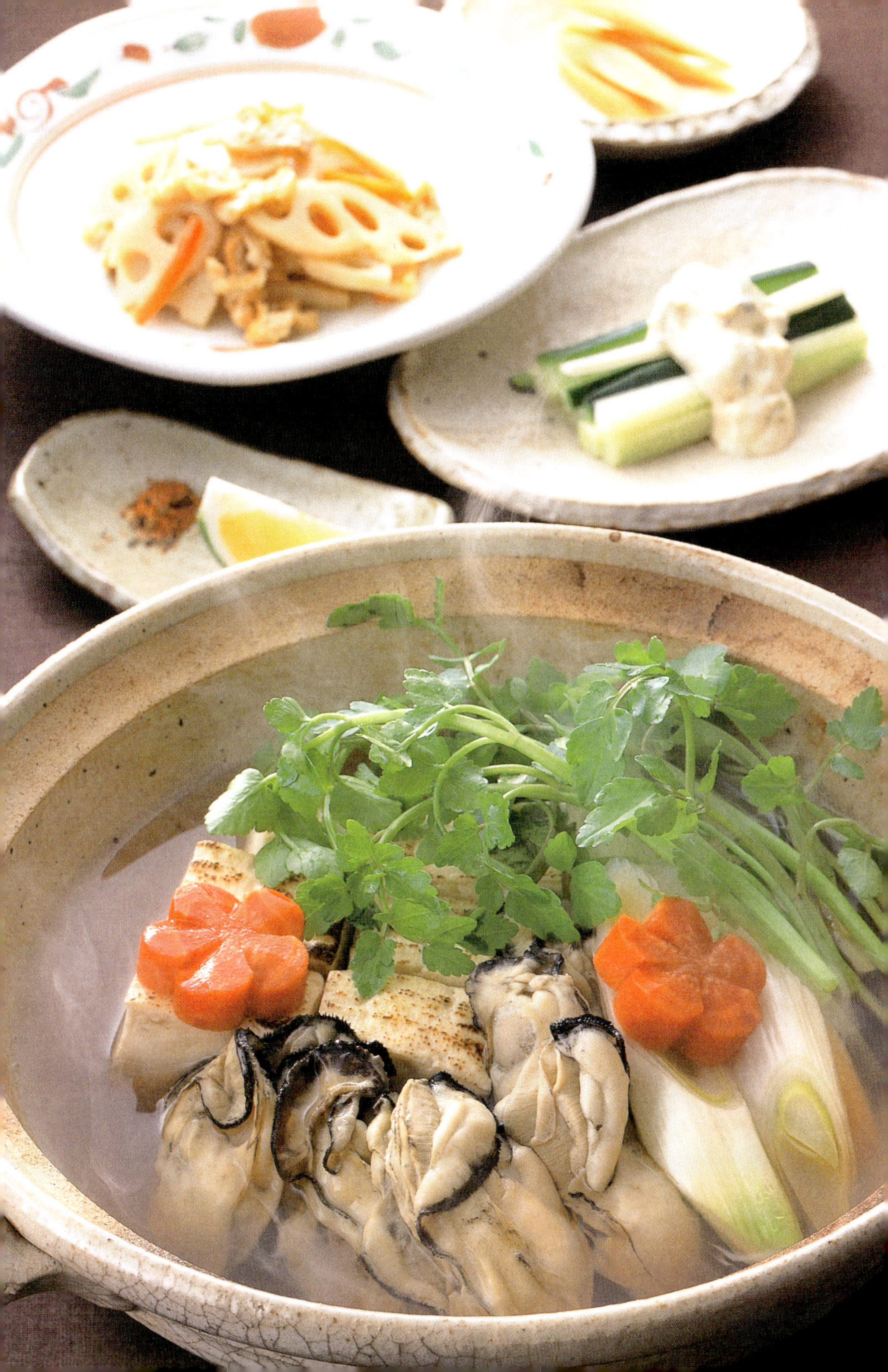

冬の食卓　煮ものと、豆ごはんの素朴さがうれしい

1人分569kcal/塩分3.3g

ぶり大根（2人分） 196kcal/1.4g

- ぶり……………1切れ（120g）
- だいこん……………200g
- しょうが…………1かけ（10g）
- こんぶ……………5cm
- 水……………カップ1½
- A
  - 酒……………大さじ2
  - みりん……………大さじ1
  - しょうゆ…………大さじ1

❶鍋に、こんぶ、分量の水を入れます。
❷だいこんは2cm厚さのいちょう切りにします。しょうがは細切りにします。つけたこんぶは、1.5×3cmに切って鍋にもどします。
❸魚は4つに切ります。熱湯にさっと通し、ざるにとります。
❹①の鍋に、だいこんを入れて、ゆでます。だいこんがやわらかくなったら、魚、しょうが、Aを加えます。煮汁が少し残る程度まで煮ます。

ブロッコリーのごまマヨネーズ（2人分） 61kcal/0.3g

- ブロッコリー……………80g
- A
  - すりごま（白）……大さじ½
  - マヨネーズ………大さじ1
  - しょうゆ…………小さじ½

❶ブロッコリーは小房に分けて、ゆでます。
❷Aを合わせて、①をあえます。

千枚漬け（市販）（2人分）20g 6kcal/0.5g

いり大豆ごはん（5人分） 240kcal/0.4g

- 米………米用カップ2（360cc）
- 水……………400cc
- A
  - いり大豆（節分の豆）30g
  - しょうゆ…………大さじ½
  - 酒……………大さじ1
  - 塩……………小さじ⅙

❶米は洗い、分量の水につけて30分以上おきます。
❷Aは合わせて15分ほどおきます。
❸①、②を合わせて、炊きます。

すまし汁（2人分） 66kcal/0.7g

じゃがいも½個（70g）　にんじん30g　生揚げ¼枚（50g）
だしカップ1½　塩小さじ⅙　しょうゆ小さじ½

ぶり大根のぶりはあらでも。熱湯をかけるか湯通しをして生ぐさみをとるのが、おいしく作るコツです。

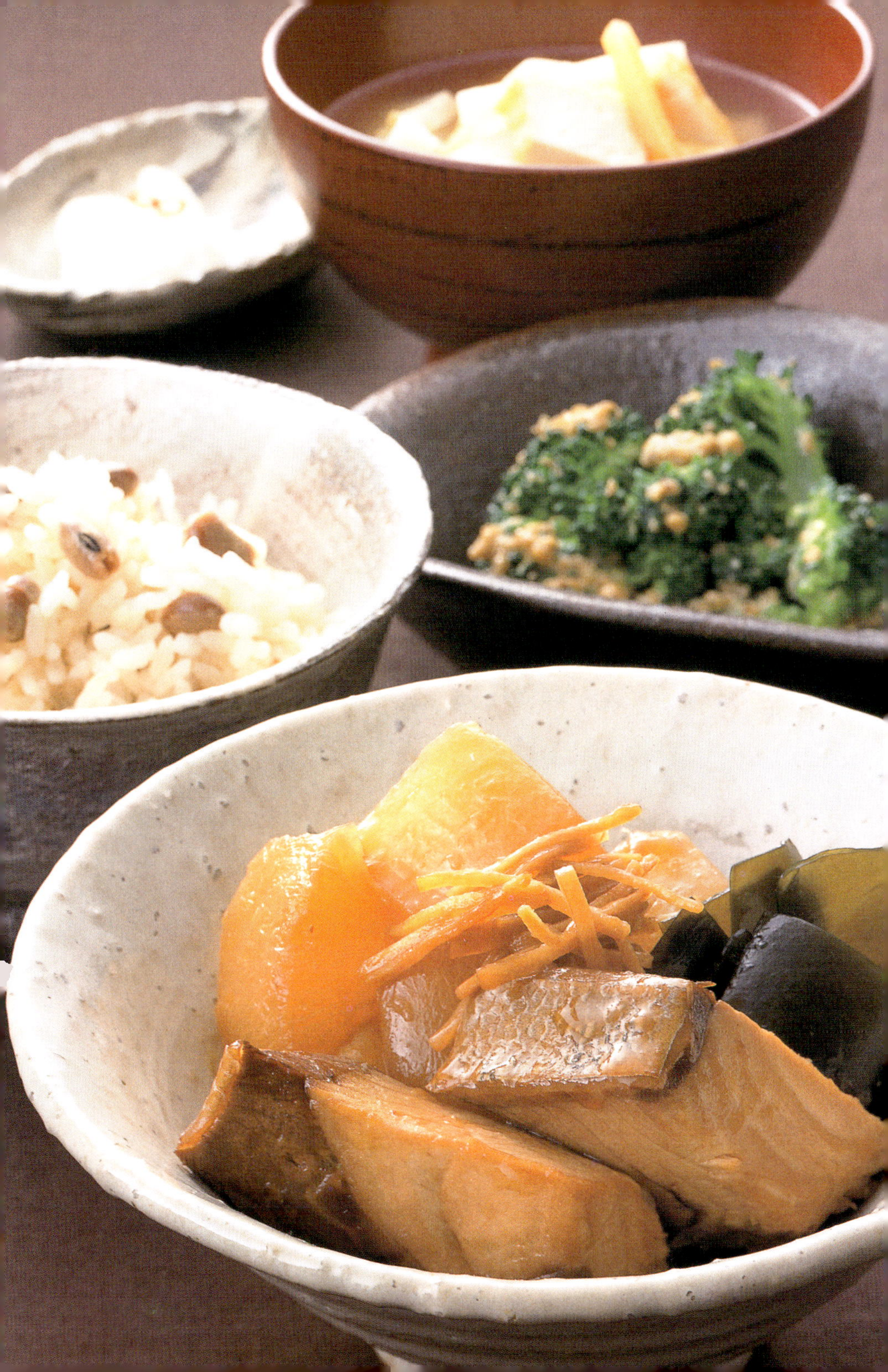

冬の食卓 れんこんのシャキシャキを隠し味に

1人分660kcal/塩分3.9g

れんこんハンバーグ（2人分）　283kcal/1.3g

- 合びき肉　120g
- れんこん　80g
- たまねぎ　1/5個（40g）
- A
  - 卵　1/2個
  - パン粉　大さじ1
  - 塩　小さじ1/6
  - こしょう　少々
- 揚げ油　適量
- B
  - だし　カップ1/3
  - しょうゆ・みりん　各小さじ2
  - 酢　小さじ1/4
- C
  - かたくり粉　小さじ1/2
  - 水　小さじ1
- ラディッシュ　2個

❶れんこんは1/4量を輪切りにし、水にとります。水気をきります。

❷残りのれんこんは3〜4mm角に切り、さっとゆでます。たまねぎはみじん切りにします。

❸ひき肉、A、②をよく混ぜます。2つに形作ります。

❹小さめのフライパンに、1cm深さくらいの油を入れ、①のれんこんをカラリと揚げます。油をあけ、③を焼きます。裏返してふたをし、中まで火を通します。

❺鍋にBを合わせてひと煮立ちさせ、Cでとろみをつけます。

❻④を盛って、ハンバーグに⑤をかけます。ラディッシュを添えます。

きんぴらごぼう山椒風味（2人分）　71kcal/0.6g

- ごぼう　80g
- にんじん　20g
- さんしょうの実の佃煮　小さじ1
- ごま油　小さじ1
- A
  - だし　カップ1/4
  - 砂糖・みりん　各小さじ1 1/2
  - しょうゆ　小さじ1

❶ごぼうは5cm長さの細切りにし、水にさらして水気をきります。にんじんも細切りにします。

❷鍋に油を熱し、①をいためます。A、さんしょうの実を加え、汁気がなくなるまで、いり煮にします。

もやしのごまあえ（2人分）　64kcal/0.9g

- もやし　100g
- みつば　30g
- A
  - すりごま（白）　大さじ3
  - 砂糖・酒・しょうゆ　各小さじ2

❶みつばはさっとゆで、3cm長さに切ります。同じ湯で、もやしを30秒ほどゆでます。

❷Aを合わせ、①をあえます。

ごはん（2人分）300g　222kcal/0g

みそ汁（2人分）　20kcal/1.1g

なめこ1/2袋（50g）　万能ねぎ2本　だしカップ1 1/2　みそ大さじ1

「ん」がつくものは、運に通じて縁起がいいといわれます。れんこん、にんじん、なんきん、きんかん…新春に。

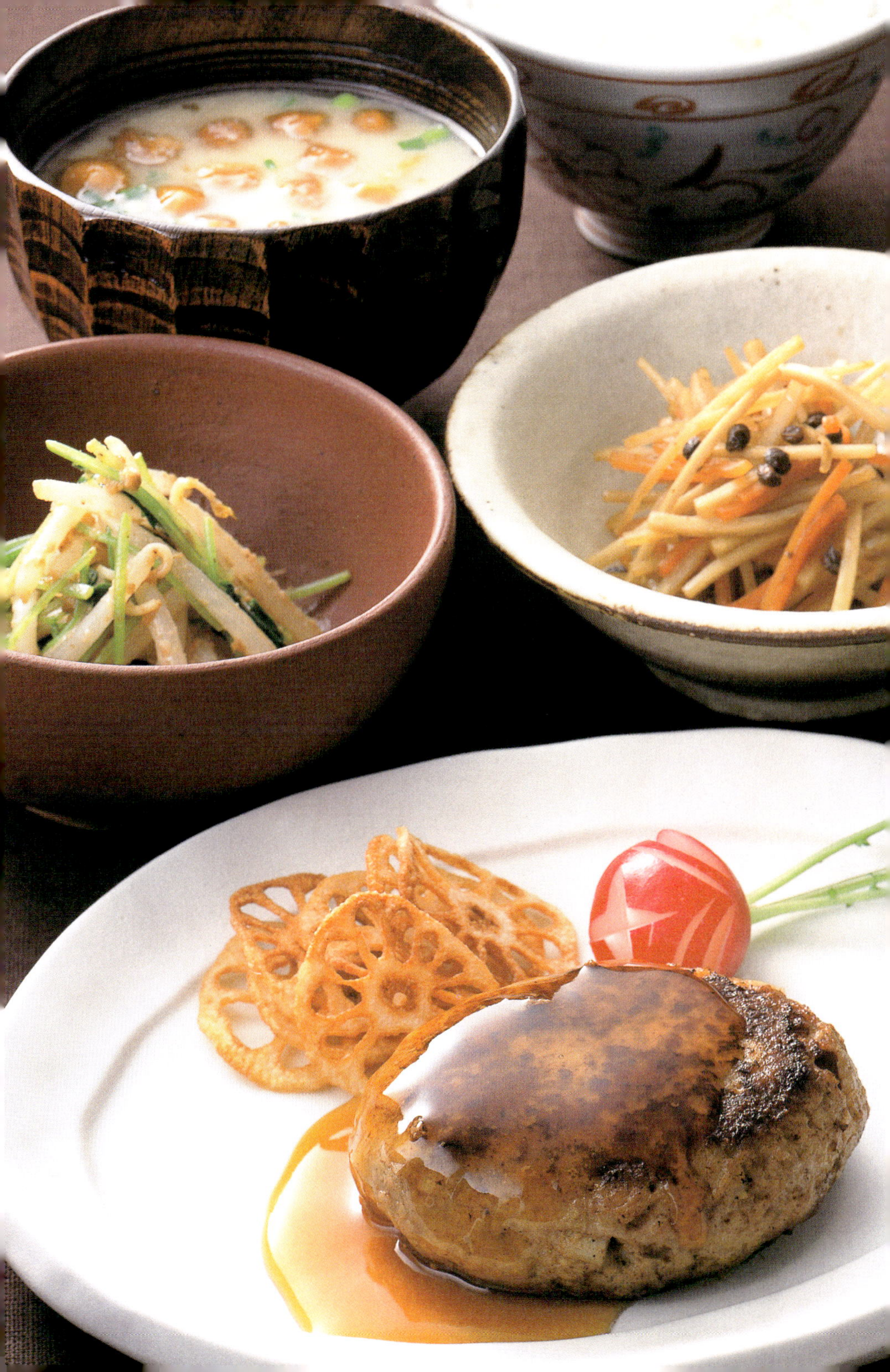

冬の食卓

冬はおでん。根菜もホクホクです

時間があれば、おでんは多めの量を、じっくり煮こんで。食卓には緑の野菜も組み合わせましょう。

1人分529kcal/塩分3.9g

おでん（2人分）
257kcal/3.3g

だいこん	150g
にんじん	1/2本（100g）
しめじ	1/2パック（50g）
じゃがいも	中1個（150g）
ゆでだこ（足）	2本（80g）
こんにゃく	1/4枚
ちくわ	小1本
つみれ	2個
卵	2個
こんぶ	12cm
A　だし	カップ5
酒	大さじ2
みりん	大さじ1
薄口しょうゆ	大さじ1
塩	小さじ3/4

❶卵はかたゆでにします。こんぶは、ぬれぶきんにはさんでやわらかくします。

❷だいこんは2～3cm厚さの輪切りにし、にんじんは斜め2～4つに、じゃがいもは半分に切ります。しめじは大きく分けます。

❸たこに串を刺します。こんにゃくは三角に切ってさっとゆで、ちくわは斜め半分に切ります。こんぶは縦半分に切り、結びます。

❹鍋に、Aと材料全部を入れて火にかけます。アクをとり、弱火で30分以上煮ます。

菜花のおひたし（2人分）
21kcal/0.6g

なばな	100g
しょうゆ	小さじ1/2
A〈しょうゆ・だし	各大さじ1/2〉
けずりかつお	少々

❶なばなはゆでて水にとり、水気をしぼります。しょうゆをかけてしぼり、3～4cm長さに切ります。

❷Aを合わせ、あえます。けずりかつおをのせます。

柚子の箸休め（2人分）
29kcal/0g

ゆず（皮を使ったあとのもの）	1/2個
砂糖	小さじ2

❶ゆずは種をとって、きざみます。砂糖を混ぜます。

ごはん（写真は市販五穀米ミックス）（2人分）300g
222kcal/0g

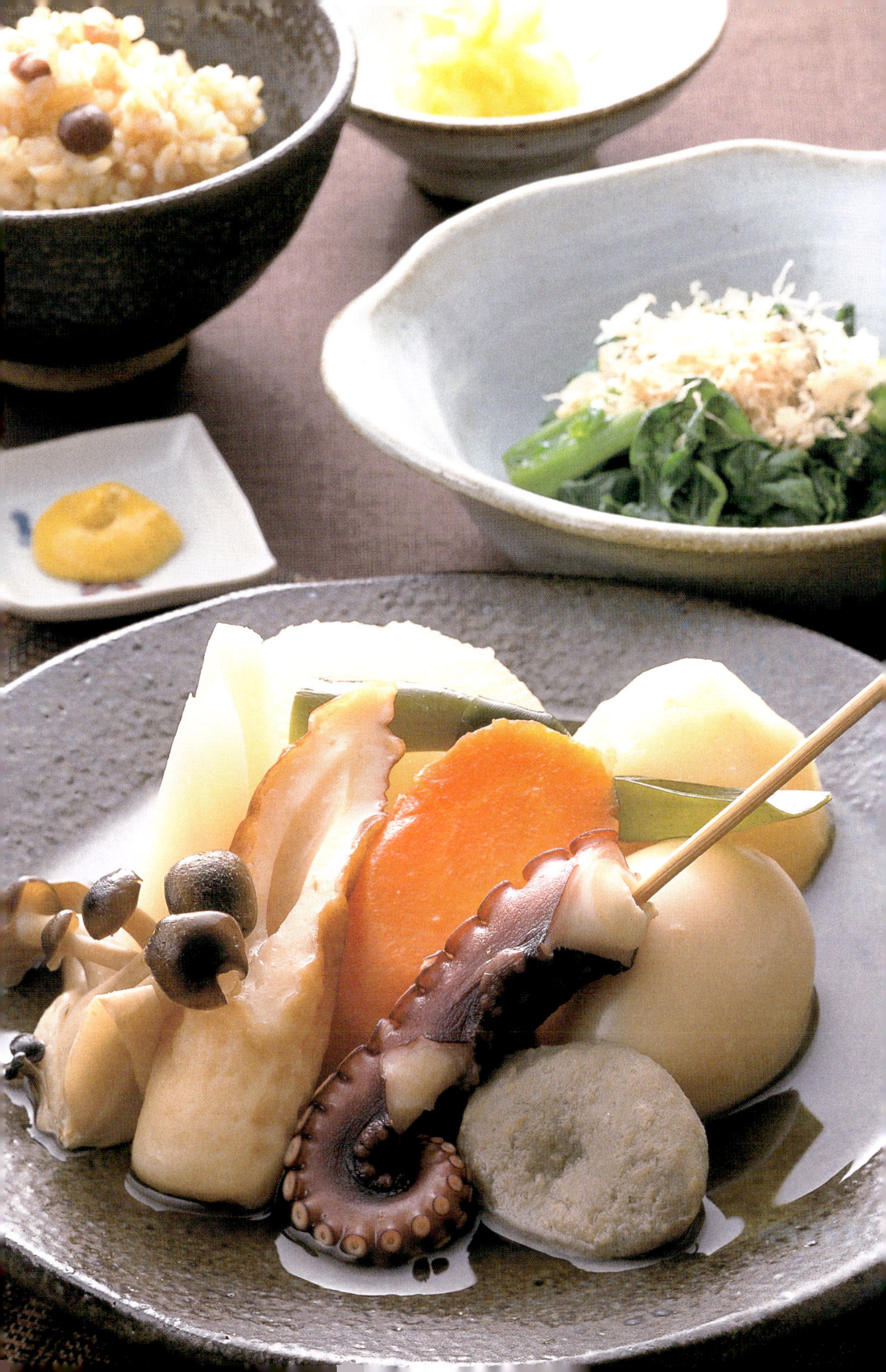

冬の食卓　滋味あふれる、かんたん鍋の食卓

1人分652kcal/塩分4g

常夜鍋（2人分）
343kcal/2.3g

- 豚しゃぶしゃぶ用肉……200g
- ほうれんそう………1束（200g）
- だいこん……………………100g
- 万能ねぎ（小口切り）………2本
- 水………………………カップ5
- こんぶ……………………20cm
- 酒………………………カップ2/3
- A〈酢・しょうゆ各大さじ2　レモンやゆずなどのしぼり汁大さじ2〉

❶鍋に、分量の水とこんぶを入れておきます。

❷Aを合わせ、ぽん酢しょうゆを作ります。薬味用にだいこん少々をすりおろし、残りは細切りにします。ほうれんそうは根元を落とし、肉は1枚ずつにします。

❸食卓で、①の鍋に酒を加え、だいこん、ほうれんそう、肉を煮ます。ぽん酢しょうゆ、薬味をつけていただきます。

根菜煮（2人分）
79kcal/0.6g

- れんこん……………………100g
- ごぼう………………………50g
- にんじん……………………50g
- 干ししいたけ…………………2個
- ごま油……………………小さじ1/2
- A〈だしカップ3/4　しいたけのもどし汁大さじ2　しょうゆ大さじ1/2　砂糖・みりん各小さじ1〉

❶干ししいたけは、水でもどし、2～4つに切ります。根菜は小さめの乱切りにし、れんこん、ごぼうは水にさらして水気をきります。

❷鍋に油を熱し、①をいためます。油がまわったら、Aを加え、煮汁がほとんどなくなるまで煮ます。

なまこの酢のもの（2人分）
8kcal/1.1g

- なまこ（薄切りにしたもの）………50g
- 塩……………………………小さじ2
- A〈砂糖・酢………各小さじ1　薄口しょうゆ……小さじ1　だし……………大さじ1 1/2〉
- しょうが（せん切り）……小1かけ（5g）

❶なまこはボールに入れ、塩をふってぬめりをとり、洗います。

❷長くおくとかたくなるので、食べる直前にAになまこをつけます。しょうがをのせます。

[丸ごとのなまこの場合]　両端を落とし、縦に切り目を入れて、わたを除き、洗います。薄切りにします。

[やわらかく仕上げたい場合]　塩もみするかわりに、70℃くらいのほうじ茶か番茶に、なまこを入れ、振り洗いします（茶振り）。

ごはん（2人分）300g
222kcal/0g

冬のほうれんそうは、ビタミンAがたっぷり。旬の食材は味がよいだけでなく、健康にもたいへんよいものです。

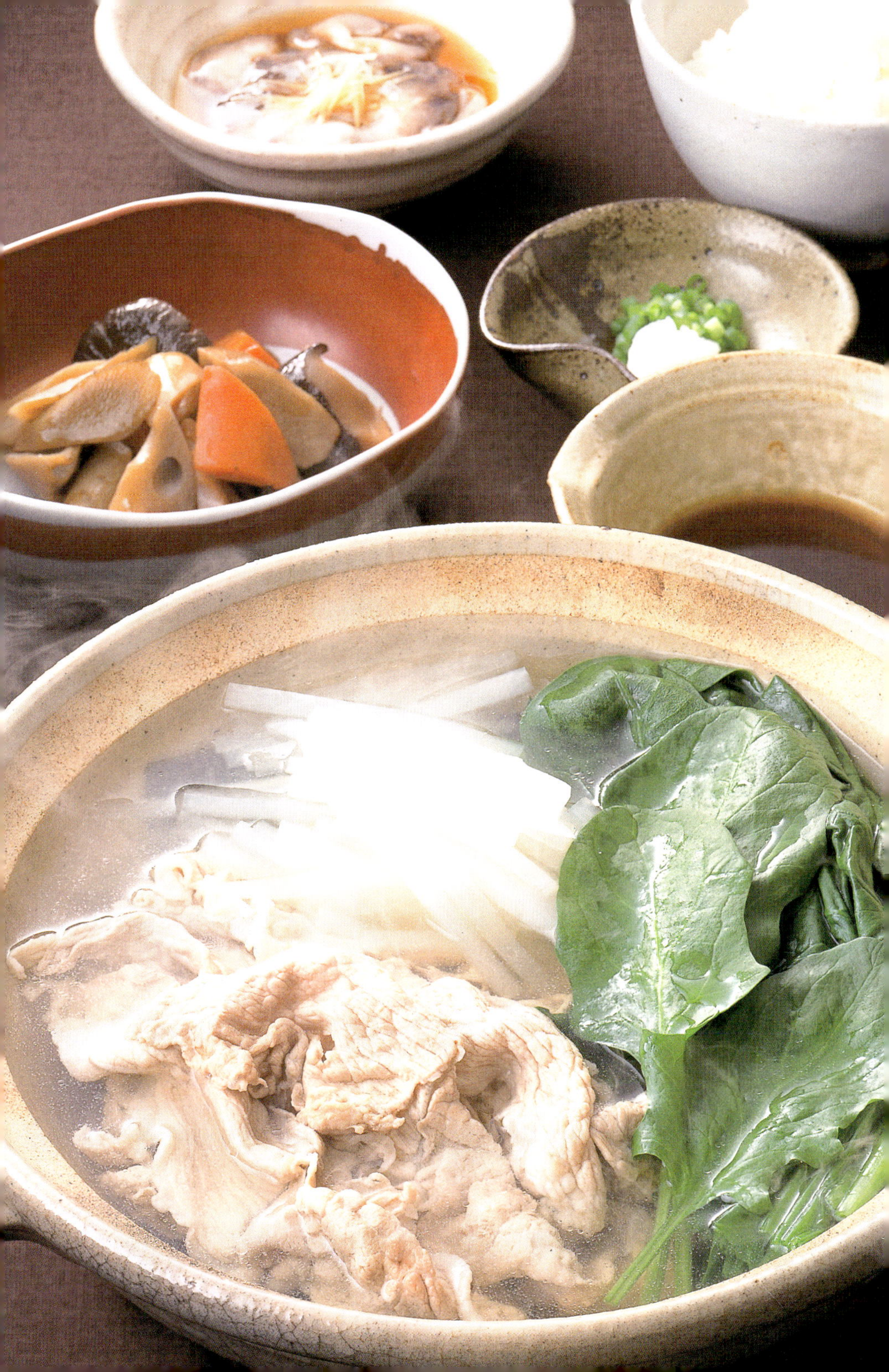

小なすといんげんの素揚げ……70	トマトのしょうゆいため（みょうが）‥58	あじの押しずし………………72
なすの田舎煮…………………72	きゅうりと みょうがの酢のもの 60	鮭ちらし………………………78
焼きなす………………………80	むかごごはん…………………80	むかごごはん…………………80
なすのひねり漬け……………88	豆の温サラダ（大豆もやし）……20	いり卵混ぜごはん……………82
丸なすの田楽…………………90	もやしのごまあえ……………150	菊花ごはん……………………90
春野菜のおすし（**菜の花**）………8	モロヘイヤととんぶりのあえもの‥58	さつまいもごはん……………92
菜花とあさりのからしあえ……28	八つ頭の含め煮………………116	松茸ごはん……………………94
菜花のおひたし……………152	山かけ丼（**やまといも**）……100	栗ごはん………………………96
なめこおろし…………………40	月見とろろ（**やまといも**）……108	山かけ丼………………………100
苦瓜のおひたし……………48	刺身こんにゃくのとろろ（**やまのいも**）32	里いもごはん…………………106
にら卵のおすまし……………68	とりのから揚げ**柚子**風味……108	たこめし………………………110
にんじんのプルーン煮………48	たくあんときゅうりの**柚子**風味112	菜めし（**大根の葉**）………120
にんじんのはちみつ漬け……68	編み笠**柚子**…………………122	イクラうに丼…………………126
おでん（**にんじん**）………152	鮭の**柚**庵焼き………………128	赤飯……………………………134
根菜煮（**にんじん**）………154	白菜の**柚子**味………………134	いり大豆ごはん………………148
わかさぎの南蛮漬け（**ねぎ**）……34	**柚子**の箸休め………………152	**そうめん**……………………74
鮭の焼きびたし（**ねぎ**）……110	百合根の梅肉あえ……………126	みそ煮こみうどん……………136
ねぎのしば漬け………………142	茶碗蒸し（**百合根**）………138	

は		
	ら・わ	汁もの・鍋もの
たらちり（**白菜**）……………124	りんごの梅酒煮………………136	沢煮椀……………………………6
白菜と豚肉の重ね蒸し………128	野菜たっぷりステーキ（**ルッコラ**）20	はまぐりの潮汁…………………8
白菜の柚子味………………134	れんこんのきんぴら…………78	しめ卵のすまし汁……………12
白菜の牛肉巻き鍋仕立て……142	里いもとれんこんの甘みそかけ 144	若竹汁…………………………18
三色ピーマンのあえもの………38	煮なます（**れんこん**）……146	かきたま汁……………………38
帆立とピーマンの網焼き……120	れんこんハンバーグ…………150	あさりのみそ汁………………40
ふきの青煮………………………6	根菜煮（**れんこん**）………154	岩のりのすまし汁……………48
春野菜のおすし（**ふき**）………8	**わけぎ**と青柳のぬた………18	冬瓜の吉野汁…………………50
ふきの山椒煮…………………24	いかの煮つけ（**わけぎ**）……46	しじみのみそ汁………………52
ふきと生麩の炊き合わせ………40	**わらび**のかつおじょうゆ……12	吉野どり………………………54
海老とぶどうのゼリー寄せ……82		そうめんのすまし汁…………56
ブロッコリーのごまマヨネーズ…148	ごはんもの・めん	焼きなすのみそ汁……………58
白あえ（**ほうれんそう**）……12	桜ごはん…………………………6	冷やしじゅんさい汁…………62
ほうれんそうの磯香あえ………86	春野菜のおすし…………………8	にら卵のおすまし……………68
ほうれんそうの朝地あえ……104	青豆ごはん……………………14	枝豆の呉汁……………………76
ほうれんそうのしょうが風味 114	竹の子ごはん…………………18	落とし卵のすまし汁…………86
常夜鍋（**ほうれんそう**）……154	親子丼…………………………24	菊花豆腐のすまし汁…………96

ま・や		
	焼きおにぎり…………………30	豚汁……………………………114
牛肉と**松茸**の包み焼き………94	高菜のいためごはん…………34	粕汁……………………………122
松茸ごはん…………………94	深川めし………………………44	けんちん汁……………………132
若**水菜**のおひたし…………94	新しょうがごはん……………48	和風ブイヤベース（**鍋もの**）…118
たらちり（**水菜**）…………124	かつおの手こねずし…………54	たらちり（**鍋もの**）………124
根**三つ葉**のおひたし………26	鮎ごはん………………………56	白菜の牛肉巻き**鍋**仕立て……142
和野菜のサラダ（**三つ葉**）…118	梅ごはん………………………60	牡蠣**鍋**………………………146
	うなぎずし……………………62	常夜**鍋**………………………154

白身魚の**かぶら**蒸し……106	さつまいものかき揚げ……86	そら豆のじか煮……46
さつま揚げと**かぶ**の葉のいり煮…106	さつまいもごはん……92	海老とそら豆の吉野煮……62
かぶときんかんの甘酢あえ……120	さつまいものレモン煮……112	
かぶの明太子あえ……124	里いもととりの治部煮……102	**た**
かぶと生揚げの煮もの……138	里いもごはん……106	**大根**の明太子はさみ……6
かぶと干し柿の酢のもの……142	けんちん汁(**里いも**)……132	**大根**とせりの即席漬け……14
かぼちゃの甘煮……34	里いもとれんこんの甘みそかけ 144	**大根**の梅がつお……36
とり肉と夏野菜の揚げびたし(**かぼちゃ**) 48	(**さや**)いんげんとがんもの煮もの 50	なめこおろし(**大根**)……40
かぼちゃのそぼろあん……52	小なすと(**さや**)いんげんの素揚げ 70	柿なます(**大根**)……102
小南瓜のいんろう煮(**かぼちゃ**)…82	(**さや**)いんげんのごまあえ……80	イクラおろし(**大根**)……116
カリフラワーのカレー風味……140	沢煮椀(**さやえんどう**)……6	牛ばらと**大根**の煮もの……120
ひらめの刺身**菊花**重ね……86	小柱と絹さや(**さやえんどう**)のかき揚げ 32	菜めし(**大根の葉**)……120
菊花ごはん……90	白魚と**山菜**の天ぷら……6	とり肉のおろし煮(**大根**)……130
きのこの卵とじ……88	わらびのかつおじょうゆ(**山菜**) 12	牡蠣のみぞれ酢(**大根**)……132
海老と**きのこ**の網焼き……92	しめ卵のすまし汁(**山菜**)……12	けんちん汁(**大根**)……132
きのこの当座煮……98	たらの芽のごまあえ(**山菜**)……20	ふろふき**大根**……134
きのこのみぞれあえ……136	こごみのあえもの(**山菜**)……22	きのこのみぞれあえ(**大根**)…136
新**キャベツ**の塩もみ……10	焼きしいたけと小松菜のぽん酢 22	鮭のワインなます(**大根**)……140
春**キャベツ**の即席漬け……42	しいたけといかの納豆あえ……104	ぶり**大根**……148
キャベツとしその浅漬け……144	ししとうがらしの焼きびたし…54	おでん(**大根**)……152
きゅうりの塩昆布あえ……30	ししとうとおかかのいり煮……74	常夜鍋(**大根**)……154
豚肉冷しゃぶ(**きゅうり**)……58	しそトマト……70	春野菜のおすし(**竹の子**)……8
きゅうりとみょうがの酢のもの…60	あじの押しずし(**しその葉**)……72	**竹の子**ごはん……18
数の子**きゅうり**のからしマヨネーズ108	牡蠣フライ(**しその葉**)……140	若竹汁(**竹の子**)……18
たくあんと**きゅうり**の柚子風味 112	キャベツとしその浅漬け……144	めばると春野菜の煮つけ(**竹の子**) 22
海老と**きゅうり**の酢のもの……122	白あえ(**しめじ**)……12	**竹の子**のかか煮……30
生野菜のわさび漬け味(**きゅうり**)…146	鮭の焼きびたし(**しめじ**)……110	**竹の子**の木の芽あえ……36
かぶと**きんかん**の甘酢あえ……120	新じゃがの肉じゃが……26	新じゃがの肉じゃが(**たまねぎ**)…26
きんかん砂糖煮……132	じゃがいものきな粉まぶし……28	新**たまねぎ**のレモンじょうゆ…50
栗ごはん……96	桜えびと**じゃがいも**のきんぴら46	たらの芽→山菜
かぶのくず煮(**グリーンピース**)…8	**じゃがいも**の梅あえ……76	焼き生揚げ(**チンゲンサイ**)…126
青豆ごはん(**グリーンピース**)…14	**春菊**と湯葉の煮びたし……96	**つるむらさき**と豆腐の変わり奴 56
えんどう豆(**グリーンピース**)入り卵焼き 16	**春菊**のごまあえ……110	**つるむらさき**の酢のもの……90
くわいの含め煮……124	和野菜のサラダ(**春菊**)……118	**冬瓜**の吉野汁……50
こごみのあえもの……22	冷やし**じゅんさい**汁……62	**冬瓜**と海老のくず煮……74
ひじきの五目煮(**ごぼう**)……38	新**しょうが**ごはん……48	すくい豆腐と**トマト**のぽん酢かけ 44
新**ごぼう**と牛肉のいため煮……10	新**しょうが**いため……62	**トマト**のしょうゆいため……58
牛肉の柳川風(**ごぼう**)……116	豆の温サラダ(**スナップえんどう**) 20	しそ**トマト**……70
きんぴら**ごぼう**山椒風味……150	ずいきと油揚げの煮もの……64	モロヘイヤととんぶりのあえもの58
根菜煮(**ごぼう**)……154	大根と**せり**の即席漬け……14	
焼きしいたけと**小松菜**のぽん酢 22	**せり**のくるみあえ……128	**な**
	牡蠣鍋(**せり**)……146	長いものアチャラ漬け……98
さ	**セロリ**の昆布漬け……24	とり肉と夏野菜の揚げびたし(**なす**) 48
さつまいもと豆の甘煮……24	豚肉冷しゃぶ(**セロリ**)……58	**なす**とアスパラのみそいため 54
新さつまいもの栂尾煮……60	生野菜のわさび漬け味(**セロリ**)…146	焼き**なす**のみそ汁……58

帆立とピーマンの網焼き………120
まぐろの刺身……………………32
山かけ丼（**まぐろ**）………………100
めばると春野菜の煮つけ………22
大根の**明太子**はさみ………………6
かぶの**明太子**あえ………………124
わかさぎの南蛮漬け……………34

牛肉

新ごぼうと牛肉の いため煮……10
野菜たっぷりステーキ…………20
新じゃがの肉じゃが……………26
牛肉のたたき……………………68
牛肉の有馬煮……………………84
牛肉と松茸の包み焼き…………94
牛肉の柳川風…………………116
牛ばらと大根の煮もの…………120
白菜の牛肉巻き鍋仕立て………142

豚肉

沢煮椀………………………………6
和風しゅうまい（ひき肉）………30
豚肉の梅の香揚げ………………40
生揚げのいんろう煮（ひき肉）‥42
豚肉冷しゃぶ……………………58
豚肉の黄金揚げ…………………76
ヒレカツみそソース……………98
豚汁……………………………114
白菜と豚肉の重ね蒸し…………128
れんこんハンバーグ（ひき肉）‥150
常夜鍋…………………………154

とり肉・鴨肉

親子丼……………………………24
とりの照り焼き…………………36
とり肉と夏野菜の揚げびたし…48
かぼちゃのそぼろあん（ひき肉）52
吉野どり…………………………54
車麩とつくねの煮もの（ひき肉）56
冷やし茶碗蒸し…………………78
小南瓜のいんろう煮（ひき肉）…82
里いもととりの治部煮…………102
とりのから揚げ柚子風味………108
鴨の治部煮……………………122
とり肉のおろし煮………………130

卵

しめ卵のすまし汁………………12
えんどう豆入り卵焼き…………16
親子丼……………………………24
かきたま汁………………………38
にら卵のおすまし………………68
う巻き卵…………………………70
冷やし茶碗蒸し…………………78
いり卵混ぜごはん………………82
落とし卵のすまし汁……………86
きのこの卵とじ…………………88
牛肉の柳川風…………………116
茶碗蒸し………………………138

豆腐・豆腐加工品

ずいきと**油揚げ**の煮もの………64
いんげんとがんもの煮もの……50
白あえ（**豆腐**）……………………12
すくい**豆腐**とトマトのぽん酢かけ 44
つるむらさきと**豆腐**の変わり奴 56
（茶巾ごま**豆腐**……………………66）
豆腐のおぼろ昆布蒸し…………72
揚げだし**豆腐**……………………92
菊花**豆腐**のすまし汁……………96
飛竜頭（**豆腐**）…………………100
たらちり（**豆腐**）………………124
けんちん汁（**豆腐**）……………132
牡蠣鍋（焼き**豆腐**）……………146
生揚げのいんろう煮……………42
焼き**生揚げ**……………………126
かぶと**生揚げ**の煮もの………138
湯葉揚げの柚子おろし…………84
春菊と**湯葉**の煮びたし…………96

こんにゃく・練り製品

刺身こんにゃくのとろろ………32
おでん（こんにゃく・ちくわ・つみれ）152
さつま揚げとかぶの葉のいり煮 106

乾物・豆・漬けもの・その他

オクラと**糸寒天**のあえもの……68
さつまいもと（**きんとき**）豆の甘煮 24
豆の温サラダ（**大豆**）……………20
豆昆布（**大豆**）…………………130
いり**大豆**ごはん………………148
高菜のいためごはん……………34
たくあんときゅうりの柚子風味 112
しいたけと いかの**納豆**あえ…104
茶巾ごま豆腐（**練りごま**）………66
ひじきの五目煮…………………38
ひじきのあえもの………………66
ふきと生麩の炊き合わせ………40
車麩とつくねの煮もの…………56
にんじんの**プルーン**煮…………48
柿と**プルーン**の洋酒漬け……118
かぶと**干し柿**の酢のもの……142

海藻

甘鯛の磯蒸し（**わかめ**）…………10
若竹汁（**わかめ**）………………18
うどと**わかめ**の黄身酢…………26
岩のりのすまし汁………………48
豆腐の**おぼろ昆布**蒸し…………72
もずくの三杯酢…………………76
海藻サラダごまマヨネーズ……84
豆昆布…………………………130

野菜・くだもの

あ

明日葉のおひたし………………52
アスパラの焼きびたし…………16
なすと**アスパラ**のみそいため‥54
いちじくの甘煮…………………78
うどと魚の子の炊き合わせ……14
さよりとうどの酢みそ…………16
めばると春野菜の煮つけ（**うど**）…22
うどと**わかめ**の黄身酢…………26
かぼちゃの甘煮（**枝豆**）…………34
枝豆の呉汁………………………76
おかひじきのごまあえ…………64
オクラのみそあえ………………44
とり肉と夏野菜の揚げびたし（**オクラ**）48
オクラと糸寒天のあえもの……68

か

柿なます………………………102
柿とプルーンの洋酒漬け………118
かぶのくず煮……………………8
かぶの葉の辛味あえ……………8

◆索引◆

魚介類

あ
わけぎと**青柳**のぬた……………18
菜花と**あさり**のからしあえ……28
あさりのみそ汁………………40
深川めし（**あさり**）……………44
和風ブイヤベース（**あさり**）……118
あじの塩焼きレモンじょうゆ…38
あじのお造り…………………64
あじの押しずし………………72
穴子の天ぷら…………………52
茶碗蒸し（焼き**穴子**）…………138
甘鯛の磯蒸し…………………10
白身魚のかぶら蒸し（**甘鯛**）…106
鮎の田楽………………………50
鮎ごはん………………………56
いかの糸造り…………………42
いかの煮つけ…………………46
しいたけと**いか**の納豆あえ…104
イクラおろし…………………116
イクラうに丼…………………126
いぼ鯛（えぼ鯛）の開き………44
いわしの甘酢煮………………80
いわしのかば焼き……………114
いわしのジュージュー漬け…144
うどと**魚の子**の炊き合わせ……14
うなぎずし……………………62
う（**うなぎ**）巻き卵 ……………70
イクラうに丼…………………126
かぶのくず煮（**海老**）……………8
海老の変わり揚げ……………60
海老とそら豆の吉野煮…………62
冬瓜と**海老**のくず煮……………74
冷やし茶碗蒸し（**海老**）………78
海老とぶどうのゼリー寄せ……82
海老ときのこの網焼き…………92
海老ときゅうりの酢のもの…122
茶碗蒸し（**海老**）………………138

か
牡蠣のみぞれ酢………………132
牡蠣フライ……………………140
牡蠣鍋…………………………146
かじきの鍋照り………………12
数の子ときゅうりのからしマヨネーズ……108
かつおのたたき………………28
かつおの手こねずし…………54
和風ブイヤベース（**かに**）……118
かますの酒塩焼き……………102
子もち**かれい**の煮つけ………132
きんめの煮つけ………………112
小柱と絹さやのかき揚げ………32

さ
桜えびとじゃがいものきんぴら 46
鮭ちらし…………………………78
鮭の焼きびたし………………110
粕汁（**鮭**）………………………122
鮭の柚庵焼き…………………128
鮭のワインなます……………140
さばの竜田揚げ…………………88
さばのみそ煮…………………104
さよりとうどの酢みそ…………16
さわらの木の芽焼き……………14
秋刀魚の塩焼き…………………90
秋刀魚のごま焼き………………96
しじみのみそ汁…………………52
白魚と山菜の天ぷら………………6
白身魚のかぶら蒸し（甘鯛）…106

た
鯛の桜葉蒸し……………………18
鯛の粕漬け……………………138
たこめし………………………110
たこサラダ……………………130
おでん（**たこ**）…………………152
たちうおのつけ焼き……………66
和風ブイヤベース（**たら**）……118
たらちり………………………124

な〜わ
なまこの酢のもの……………154
はまぐりの潮汁…………………8
はものくず打ち…………………74
ひらめの刺身菊花重ね…………86
寒**ぶり**かまの塩焼き…………134
ぶり大根………………………148
和風しゅうまい（**帆立**缶詰）……30
和風ブイヤベース（**帆立**）……118

撮影／尾田　学
食器協力／日本陶彩㈱

ベターホームのお料理ブック（詳しいカタログをご請求ください）

＊価格税別

分類	No.	書名	内容	ページ	価格
実用料理シリーズ（A5判）キッチンで使いやすい大きさ、じょうぶで汚れにくいカバー	1	かあさんの味	四季の素材をいかした和風おそうざいとおせちが172品	144ｐ	1000円
	2	家庭料理	家庭でよく作られている、和洋中人気のおかず152品	144ｐ	1000円
	3	おもてなし料理	行事やおもてなしに向く、豪華なごちそう106品	144ｐ	1000円
	4	お菓子の基本	スポンジケーキからチョコレートまで家庭で作れる洋菓子65品	160ｐ	1500円
	5	手づくりパン	バターロールから本格的パンまで46品。基本を詳しく解説	144ｐ	1500円
	6	お料理一年生	お料理以前の基礎から写真でわかりやすく説明	192ｐ	1400円
	7	お料理二年生	定番の家庭料理が絶対おいしく作れるコツをプロセス写真で	192ｐ	1400円
	8	手づくり食品	ジャム、そば、梅干し、みそなど楽しく手づくり69品	160ｐ	1200円
	9	スピード料理	手早く作れておいしい料理200品と、手早く作るコツ	160ｐ	1200円
	10	きょうのお弁当	毎日作れるかんたんお弁当71メニュー。おかず245品	160ｐ	1200円
	11	野菜料理	50音でひける野菜別、おいしくヘルシーな料理308品	192ｐ	1400円
	12	電子レンジ料理	電子レンジで作れる、かんたんでスピーディな料理158品	160ｐ	1200円
	13	おとなの和食	四季の素材をおいしく味わう献立集。カロリー・塩分控えめ	160ｐ	1400円
	14	ダイエットのひと皿	健康的にやせられる低カロリーのおかず150品	144ｐ	1000円
	15	ひとり分の料理	ひとり暮らし、単身赴任の方に、栄養満点かんたん100献立	144ｐ	1000円
	16	パーティ料理	ホームパーティ・おもてなしに。気のきいた献立と料理135品	160ｐ	1200円
	17	お魚料理	50音でひける魚介類98種の料理250品と、扱い方のコツ	192ｐ	1400円
	18	きょうの献立	月ごとの献立100例、料理417品。毎日の悩みを解消します	224ｐ	1500円
	19	お肉料理	かんたん、ボリューム、経済的な料理187品を肉ごとに紹介	160ｐ	1200円
	20	お米料理	おいしいごはんの炊き方と、丼、すし、ピラフなど200品	160ｐ	1200円
		食品成分表	日ごろ食べる量の栄養成分がひと目でわかります	320ｐ	1000円
おかずの本（B5判）毎日の食事に、すぐ役立つ		お気に入りおかず	超かんたんで経済的なベターホームの先生たち自慢のレシピ集	96ｐ	1200円
		体にいいおかず	体調が悪い、風邪ぎみ…ちょっと気になるときの料理194品	96ｐ	1200円
		作りおきのおかず	さめてもおいしい、まとめづくり等、便利なおかず157品	96ｐ	1200円
		すぐできるおかず	20分以内、ひと鍋で作れるおかず等約150品。共働き主婦必携	96ｐ	1200円
		和食の基本	和食の定番88品。詳しいプロセス写真と俳句調のコツでよくわかる	128ｐ	1400円
		ムダなしかんたんおかず	冷蔵庫の残り野菜や調味料を利用した料理276品	96ｐ	1200円
		口福の一皿	プロ山岡洋が披露する美味のコツ。家庭で作れる中国料理75品	96ｐ	1600円
		Quick & Easy New Style Japanese Cooking	すぐできるおかずの英語版	96ｐ	1500円
お菓子とパンの本 ていねいな説明で大成功		かんたんおやつ	プリン、ドーナツ、ホットケーキ、大学いも…家庭のおやつ53品	96ｐ	1200円
		すぐできるお菓子	マドレーヌやクレープ、ハーブクッキー…手軽なお菓子68品	96ｐ	1500円
		焼くだけのお菓子	材料を混ぜてオーブンで焼くだけ。素朴でおいしい43品	96ｐ	1500円
		冷たいお菓子	ゼリー、プリン、レアチーズケーキ、杏仁豆腐など57品	96ｐ	1500円
		記念日のお菓子	誕生日、クリスマス、結婚式…記念日に作る私のお菓子48品	96ｐ	1800円
		私が作る和菓子	草もち、水ようかん、月見だんごなど四季折々の和菓子77品	96ｐ	1500円
		私が作るパン	本格的な作り方と、ポリ袋でかんたんに作れる方法で46品	96ｐ	1500円
手づくりの本		初めて打つそば・うどん	そばとうどんの打ち方を詳しいプロセス写真で説明。レシピ付き	96ｐ	1200円
		かんたん手づくり食品	果実酒、キムチ、梅干しなど減塩・減糖の64品	96ｐ	1200円
		私のレシピノート	バインダー式のレシピカードとクリアファイル。別売補充カードあり		1400円

お買い求め方法

＊大手書店、ベターホームのお料理教室で直接お求めいただけます。また、全国の書店からお取り寄せできます。当社からお届けする場合は、1冊送料100円（2冊以上無料）をいただきます。

＊ベターホームの各種カタログ「本のカタログ」「道具や食材のカタログ」「お料理教室のご案内」などを差し上げます（無料）。お気軽にご連絡ください。ホームページでもご案内しています。http://www.betterhome.jp

編集　財団法人ベターホーム協会
発行　ベターホーム出版局
〒150-8363　東京都渋谷区渋谷1-15-12
TEL 03(3407)4871　FAX 03(3407)1044
発行日　初版2000年11月1日　5刷2002年5月1日

ベターホームの
おとなの和食